LivE

7

I romanzi di Andrea Frediani
pubblicati dalla Newton Compton:

300 guerrieri
Jerusalem
Un eroe per l'impero romano
Dictator (*L'ombra di Cesare*, *Il nemico di Cesare*
e *Il trionfo di Cesare*)
Marathon
La dinastia

Prima edizione: marzo 2013

ISBN 978-88-541-5147-5

www.newtoncompton.com

Stampato su carta prodotta da Hellefoss AS, Norvegia
usando materie prime naturali, rinnovabili e riciclabili,
ottenute da foreste gestite in modo sostenibile

Andrea Frediani

Il tiranno di Roma

Newton Compton editori

I

Etruria, tarda primavera, 87 a.C.

Un tambureggiante rombo di zoccoli di cavalli risuonò sul terreno. Crisso buttò a terra la falce e sollevò lo sguardo verso l'orizzonte, delimitato dalla cerchia d'alberi ad alto fusto che circondava la tenuta del suo padrone. Non vide altro che il verde delle fronde e il giallo dei campi ancora da mietere, ma quel suono inconfondibile, che fin troppe volte aveva udito sui campi di battaglia del padre prima di diventare uno schiavo, gli provocò brividi intensi, restituendogli sensazioni che credeva ormai sopite. Non c'erano dubbi: un esercito stava per attraversare i possedimenti in cui viveva e lavorava da quando era bambino.

Anche gli altri schiavi nei campi avevano smesso di lavorare e trattenevano il fiato. E una volta tanto, i liberti incaricati della loro sorveglianza tenevano a riposo le fruste, anche loro in attesa di veder spuntare tra gli alberi la causa di quel rumore incessante, quasi assordante.

Che fosse l'armata raccolta da Lucio Cornelio Cinna, il console rivoluzionario cacciato da Roma, acceso avversario dei conservatori? Era noto che stava radunando truppe per riprendersi il potere, che il Senato e l'altro console Gneo Ottavio gli avevano sottratto. O magari Silla di ritorno dall'Oriente, dove era appena andato a combattere il re del Ponto Mitridate? O una delle tante fazioni che preparavano la strada a Gaio Mario, in esilio in Africa e in attesa di un'opportunità per rivestire il suo settimo consolato? Crisso era certo che le stesse domande aleggiassero nelle menti dei suoi compagni, con un misto di paura per ciò che poteva succedere, e di speranza che i *populares* tornassero a prendere il sopravvento sui senatori e sugli aristocratici Silla e Gneo Ottavio. Nessuno dei servi si illudeva che il loro destino potesse cambiare, qualunque delle fazioni l'avesse spuntata; ma il compiacimento di veder soffrire i loro aguzzini sarebbe stata la miglior consolazione che potessero aspettarsi da una vita di schiavitù.

Quando il terreno sembrò sussultare sotto i suoi piedi, Crisso seppe che presto avrebbe soddisfatto la sua curiosità. E subito dopo, gli alberi parvero aprirsi al passaggio di sagome ancora indistinte di cavalieri. Centinaia, forse migliaia di soldati lanciati al galoppo emersero dalle fronde, puntando dritti attraverso i campi da mietere. Il grano si piegava al loro passaggio, come se fendessero le acque di un lago dorato e si aprissero una strada nella roccia. E Crisso si rese conto di essere sulla loro direttrice. Iniziò istintivamente a indietreggiare, dapprima un passo dopo l'altro, poi più veloce, finché non si accorse di stare scappando con tutti gli altri, schiavi e liberti, verso la villa, in cerca di riparo dalla furia di quei cavalieri.

Li sentì alle sue spalle, sempre più vicini, come un'onda fragorosa in procinto di abbattersi sugli scogli dove lui aveva cercato scampo. Il loro rimbombo aggrediva le sue orecchie, lo frastornava, e quando vide un cavaliere superarlo lungo il fianco e travolgere un compagno, pensò di non potersela cavare. Tuttavia continuò a correre, aspettandosi di essere scalciato sulla schiena e calpestato da un momento all'altro, e dopo qualche altro passo gli mancò il fiato, se per la tensione o per la stanchezza non avrebbe saputo dirlo. Vide altri compagni finire travolti dai cavalli, finché non trovò la strada per la villa tagliata dagli invasori, tutti diretti verso la *pars* padronale. Deviò verso gli alloggi della servitù, stando attento a non farsi travolgere, scartando i cavalieri più lenti e augurandosi che a nessuno venisse in mente di divertirsi con una caccia all'uomo. No, sembravano avere come obiettivo solo la villa, constatò, e riuscì a raggiungere illeso la sua abitazione.

Urla di terrore e di disperazione lo dissuasero dal varcare la soglia. Rimase sull'uscio a osservare quel che accadeva nell'edificio ove risiedeva il padrone con la famiglia. Riconobbe il giovane figlio del *dominus*, non ancora in età per assumere la toga virile: correva con la tunica slacciata nella corte, inseguito da due cavalieri che brandivano la spada. Lo raggiunsero in un istante, gli girarono intorno ridendo, poi lo infilzarono contemporaneamente al costato, sollevandolo da terra e sostenendolo per le lame mentre continuavano a cavalcare: il ragazzo si dimenò per alcuni istanti di agonia, finendo poi per reclinare il capo sul petto e rimanere immobile e sospeso. I soldati lo mostrarono ai commilitoni ancora per qualche passo, poi estrassero le lame dal suo corpo e lo lasciarono cadere a terra, passandogli sopra con gli zoccoli.

Crisso avrebbe voluto distogliere lo sguardo, ma un irresistibile desiderio di rivalsa lo spinse a rimanere con gli occhi incollati alla scena; tante volte aveva desiderato punire quel ragazzino viziato e arrogante, che godeva nell'umiliare gli schiavi anche più del padre. Scacciò ogni senso di colpa e continuò a osservare lo spettacolo. Subito dopo notò la padrona, trascinata fuori di casa e legata alla coda di un cavallo fatto partire al galoppo. Provò un brivido di piacere nel vedere il suo corpo sballottato sul terreno e le sue urla trasformarsi lentamente in un lamento e infine in un silenzio di morte. Troppe volte quella donna l'aveva costretto ad avere rapporti sessuali con lei e col padrone, in un perverso triangolo nel quale Crisso fungeva da oggetto di piacere sottoposto a sevizie e angherie di ogni sorta. E fu grato a quei cavalieri, chiunque fossero, quando esposero sulla punta di una lancia la testa del *dominus*, che fissava con occhi vacui le fiamme sollevarsi dal suo piccolo regno, governato per decenni in un regime di terrore e crudeltà. A Crisso dispiacque solo che la sua punizione fosse durata così poco.

L'incendio si propagò rapido all'intera proprietà, ma i cavalieri si preoccuparono di proteggere l'evacuazione degli schiavi dai loro alloggi, prima che il fuoco arrivasse a lambire la *pars* rustica della villa. Crisso fu scortato di nuovo verso i campi da un cordone di soldati sporchi di terra e di sangue, carichi di suppellettili e denari razziati nella proprietà. Rimase a contemplare gli edifici della villa che ardevano, le strutture sgretolarsi e crollare, la distruzione dei simboli del giogo cui era stato condannato da quando il padre era caduto combattendo contro Gaio Mario in Gallia. Provava un senso di trionfo frammisto all'angoscia per ciò che sarebbe stato di lui adesso. Poi, sullo sfondo di un sipario di lingue di fuoco emerse una figura maestosa a cavallo, con due file di armati al fianco. Si avvicinò lentamente agli schiavi radunati nel campo, finché Crisso non fu in grado di distinguerne i tratti.

Era vecchio, molto vecchio, ma di una prestanza fisica rara a vedersi, e denotava un'autorità che Crisso non aveva mai visto neppure tra i più rispettati capi del suo popolo, i Tigurini, i più fieri tra quelli che i Romani reputavano "barbari". A mano a mano che il condottiero si avvicinava, si rese conto che le sue fattezze gli erano familiari. L'aveva già visto, molti anni prima: prima che il suo viso fosse solcato da tante rughe, la sua chioma si diradasse, i suoi occhi assumessero quello sguardo feroce.

Capì di avere di fronte l'uomo che l'aveva condannato alla schiavitù uccidendogli il padre e facendo prigioniera la madre.

Gaio Mario.

«Uomini e donne, gli dèi vi hanno offerto un'opportunità straordinaria di cambiare il corso delle vostre vite!», disse il vecchio generale rivolgendosi agli schiavi, i soli sopravvissuti alla carneficina. «E io, Gaio Mario, sei volte console di Roma, vincitore di Cimbri, Teutoni e Numidi, sono il loro strumento, la vostra speranza di redenzione. Gli dèi mi hanno inviato un segno del loro favore, poiché sette furono gli aquilotti che essi deposero accanto alla mia culla; e sette dovranno essere pertanto i consolati che rivestirò nella mia vita, a dispetto degli sforzi di quell'infame di Silla di impedirmelo. Se voi mi aiuterete a raggiungere il mio obiettivo, sarete liberi. Se combatterete per me, se vi porrete ai miei ordini per liberare Roma dalla tirannide dell'aristocrazia, godrete del doppio privilegio di essere persone libere e soldati del grande Gaio Mario, il più celebre conquistatore che l'Urbe abbia mai avuto! Abbiamo appena vendicato i torti che avete subìto: aiutatemi a vendicare quelli che ho patito io e non avrete da pentirvene! Chiunque voglia cambiare il proprio destino faccia un passo avanti e venga a stringermi la mano: gli darò una lancia, una spada e uno scudo e lo accoglierò tra le mie truppe!».

Crisso non si guardò neppure intorno. Non attese un solo istante di più. Avanzò per primo, il petto gonfio di orgoglio, imponendosi di sostenere lo sguardo del vecchio condottiero, per mostrargli di essere degno della sua considerazione e fiero di mettersi a sua disposizione. Gli si avvicinò e gli tese la mano, che Mario gli afferrò con una stretta ancora vigorosa. Il generale annuì soddisfatto. «Come ti chiami, ragazzo?», gli disse.

«Crisso, *dominus*», rispose il celta, sforzandosi di non mostrare l'emozione che lo pervadeva.

«Non *dominus*, Crisso, ma generale, d'ora in poi. Sei un soldato, ora, ricordatelo, seppure ancora schiavo, finché non ti guadagnerai la libertà con le tue imprese. Mi piace la tua decisione, e sei anche robusto. Tu farai parte della mia guardia del corpo», concluse, alzando di nuovo lo sguardo verso gli altri.

Crisso si fece da parte, sentendosi sopraffare da un'esaltazione mai provata in precedenza. Un istante prima era uno schiavo, ora la guardia del corpo del più grande generale di tutti i tempi. L'uomo che l'aveva reso orfano e schiavo da bambino, dopo quindici anni gli dava la possibilità di essere libero e soldato.

Avrebbe dovuto odiarlo per averlo costretto alla schiavitù e ucciso i suoi genitori, e invece si sentì colmo di gratitudine. In fin dei conti, Mario aveva lealmente sconfitto il padre in battaglia, dimostrandosi più bravo, e le sofferenze che Crisso aveva patito da schiavo erano una diretta responsabilità dei suoi aguzzini, non di un grande condottiero che aveva solo fatto il proprio dovere.

Giunilla sentì sbattere la porta di casa. Ebbe un sussulto e perse il controllo del pennello con cui passava lo *stibium* intorno agli occhi della sua padrona. La signora la fissò con sguardo indulgente, sorridendole per rassicurarla, e lei si affrettò a ripulire lo sbaffo sul suo viso e a riprendere il proprio lavoro. Subito dopo sentì la voce del *dominus* avvicinarsi al cubicolo. Non era la prima volta che il console Gaio Ottavio rientrava in casa agitato, in quei mesi di tumulti e sommosse per le vie della città: prima che Cinna fosse costretto ad andarsene, per essere destituito e poi sostituito da Valerio Merula, erano all'ordine del giorno scontri tra le opposte fazioni.

Giunilla non capiva bene quale fosse la posta in gioco: sapeva solo che a dividere la cittadinanza e i partiti era la proposta, avanzata da Cinna stesso, di distribuire tra le varie tribù elettorali i nuovi cittadini italici. Confinarli in poche tribù a loro riservate, limitando così la loro influenza nelle competizioni elettorali, era invece la politica che intendevano perseguire il Senato e i conservatori, di cui Ottavio era uno dei più alti esponenti. Se il precedente console, Silla, fosse rimasto a Roma – invece di partire per l'Oriente e assumere il comando della guerra mitridatica – nessuno avrebbe osato metterla in dubbio; ma Cinna aveva rinnovato la sua proposta appena dopo essere stato eletto console, guadagnandosi l'appoggio degli Italici, del popolo, e dei fautori di Gaio Mario, tutti ansiosi di limitare il potere dell'aristocrazia.

Giunilla non capiva nulla di politica. Desiderava solo che le cose non cambiassero. Si trovava bene con i suoi padroni, così buoni con lei: le avevano dato un'istruzione e le offrivano una protezione di cui non avrebbe mai potuto godere se fosse stata libera. Era nata schiava, figlia di schiavi, e non concepiva una vita diversa: quando accompagnava la sua padrona alle terme o nei possedimenti di famiglia in campagna, aveva modo di osservare l'esistenza del popolo, e la trovava grama, infelice, condizionata da stenti che lei non aveva mai patito. Si considerava fortunata, non solo perché godeva di comodità precluse al volgo, ma anche perché aveva il privilegio di servire una famiglia ricca, prestigiosa e al centro degli eventi più importanti della città.

«Ci mancava anche Gaio Mario, adesso!». Il console irruppe nella stanza della moglie, visibilmente agitato. Giunilla gli era molto affezionata, sebbene la sua dedizione fosse rivolta soprattutto alla padrona. Le dispiaceva vederlo turbato, e in quei giorni lo era in particolar modo: sembrava invecchiato di molti anni in poco tempo, e senza dubbio le responsabilità che gravavano sulle sue spalle, come supremo magistrato della Repubblica in un momento particolarmente convulso, dovevano averlo già logorato.

«Gaio Mario? Cosa c'entra adesso quell'essere immondo?», disse la moglie, alzandosi in piedi sollecita e prendendogli le mani per calmarlo.

«Ha fiutato la sua opportunità ed è ricomparso, purtroppo», rispose Ottavio, accasciandosi sulla sedia solo un istante prima occupata dalla consorte. «Pare che sia sbarcato a Talamone con i suoi seguaci e che si sia unito a Cinna. La loro meta è Roma, senza dubbio. Stamattina in Senato abbiamo discusso le misure da adottare per la difesa della città».

«È terribile!», esclamò la padrona, sinceramente turbata a sua volta. «Roma dovrà subire l'onta di un assedio?»

«Pare assurdo, vero? Eppure sembra proprio così. Come tre secoli fa contro i Galli. Solo che questa volta saranno Romani, non barbari. O meglio, ci saranno anche i barbari, purtroppo… A che punto siamo arrivati…», dichiarò sconsolato Ottavio.

«Barbari? Che vuoi dire?». Adesso la padrona sembrava più agitata del marito. Giunilla si permise di prenderle la mano, e lei non la scostò.

«Che quel criminale di Mario sta aggregando schiavi al proprio esercito. Devasta tutte le proprietà e i latifondi che incontra lungo la strada e ne libera i servi, armandoli e rendendoli dei soldati. Non gli è bastato aprire la vita militare ai nullatenenti, privando i cittadini del privilegio di essere i soli a servire la patria nell'esercito. Adesso arruola anche gli schiavi. Considerando che gli Italici adesso saranno equiparati ai legionari, cosa ne sarà dell'esercito di Romani puri che ha conquistato il mondo? Sarà solo un lontano ricordo… e tutto andrà in malora!».

«Ma è inaudito!».

«Già. Per questo mi sono opposto alla proposta di qualche demagogo in Senato. Vorrebbero arruolare schiavi anche loro, adesso!».

«Possibile che una proposta del genere provenga da un senatore?»

«Da un senatore impaurito, evidentemente. In effetti, abbiamo poche truppe a disposizione: il proconsole Metello Pio è nel Meridione a tenere a bada i Sanniti che non si sono ancora arresi, il proconsole Pompeo Strabone se ne sta nel Piceno ad attendere gli eventi, e non possiamo contare su aiuti immediati. Ma da qui ad armare gli schiavi ce ne corre: io non combatterò mai a fianco della feccia. L'attività militare è un onore e un privilegio, e non può essere svilita affidandola a dei selvaggi. La guerra non avrebbe più nulla di nobile e finirebbe per essere pura brutalità. In cosa ci differenzieremmo dai barbari, allora?»

«I tempi stanno cambiando, marito mio. E non sono certa che mi piacerà ciò in cui potrebbe trasformarsi la nostra amata Repubblica grazie a gente come Gaio Mario e Cornelio Cinna». La padrona si chinò ad abbracciarlo, e Giunilla desiderò far sentire loro la propria solidarietà; ma poi si fece rispettosamente da parte e rimase in silenzio a contemplare quell'austera coppia dai sani valori, un solido punto di riferimento per chiunque cercasse un baricentro in tempi densi di incognite e minacce. E fu contenta che proprio a persone così pie e rette, di sani princìpi, coerenti e lineari nel comportamento, fosse affidato il destino suo e di Roma.

II

Crisso poté percepire la tensione e l'imbarazzo tra i generali che attorniavano Cinna, e in Cinna stesso. Come guardia del corpo di Mario, aveva la possibilità di partecipare al primo consiglio di guerra congiunto delle forze che a Roma avrebbero definito dei "ribelli", e gli parve che la presenza del suo comandante fosse vista con malcelata ostilità dai colleghi, visibilmente oscurati dal prestigio e dalla personalità del vecchio condottiero. Solo il console deposto si sforzava di fare buon viso a cattivo gioco, ma con un atteggiamento talmente untuoso da apparire artificioso.

«La prima questione da risolvere mi pare quella del comando, caro Mario», disse Cinna aprendo la riunione. Gli occhi di Quinto Sertorio, Gaio Milonio e Gneo Carbone erano incollati a Mario; in loro si leggeva la delusione per l'aspetto di una leggenda vivente, incurvata dal peso degli anni, trascurata nella cura della propria persona, e scontrosa nell'atteggiamento; ma anche la diffidenza e il timore che la sua ingombrante figura potesse relegarli a un ruolo marginale.

«Per prestigio ed esperienza», proseguì Cinna, «nessuno potrebbe mettere in dubbio che, ora che sei qui con noi, dovresti essere tu ad assumere la guida delle operazioni. Hai sconfitto pressoché chiunque nel mondo conosciuto, e sarebbe insensato privarti del diritto di rivestire il comando generale».

Mario tacque. Continuava a fissare il magistrato nel quale non si leggeva alcuna condiscendenza. «Tuttavia», continuò Cinna, «io sono il console, e non sarebbe opportuno che non detenessi il comando. Se te lo cedessi, sarebbe come ammettere che non rivesto più quel ruolo, e ciò mi delegittimerebbe agli occhi del popolo di Roma, non credi? Pertanto, ho pensato di nominarti proconsole e mio consigliere nelle operazioni militari».

Stavolta fu Cinna a tacere, rimanendo in attesa della risposta di Mario. Ma Sertorio chiese la parola. Il vecchio generale non sembrava intenzionato a rispondere subito, pertanto l'ex console gli fece cenno di parlare.

«Se posso esprimere un'opinione, non credo che conferire una carica a Gaio Mario giovi alla causa. I soldati non saprebbero chi seguire e tu, Cinna, ne usciresti comunque delegittimato. In ogni caso, questo esercito sembrerebbe avere più comandanti supremi, e ciò creerebbe confusione. In fin dei conti, nella guerra contro Antioco di Siria, Scipione l'Africano, che pure era il personaggio più prestigioso dell'epoca, accompagnò il fratello console senza rivestire altro ruolo che quello di consigliere. Non potrebbe essere così anche per te, Mario? Il tuo prestigio non è inferiore a quello dell'Africano, e non ne usciresti svilito...».

Mario taceva ancora. Crisso osservò Cinna: era chiaro che avrebbe voluto dare ragione a Sertorio, ma non osava correre il rischio di scontentare il vecchio generale.

«Scipione è stato console una sola volta, tu sei. E ha vinto solo la guerra contro i Cartaginesi, mentre è lunga la lista dei popoli e dei re sconfitti da te, Mario», si sforzò di spiegare. «I tempi sono cambiati, dall'epoca delle guerre puniche e macedoniche ed è giusto che il prestigio venga ricompensato. In fin dei conti, la tua adesione alla nostra causa ci sta portando molti alleati».

«E anche molti nemici...», intervenne Carbone.

Cinna fece finta di non aver sentito. «E i suoi preziosi consigli si riveleranno senza dubbio decisivi per riprenderci il controllo di Roma e rimettere le cose a posto. Gli Italici gioiscono nel sapere che un così grande nome ha aderito al partito che persegue l'incremento della loro influenza politica».

Di nuovo, ci fu attesa per le parole di Mario. Il vecchio si massaggiò la barba ispida e bianca, che trascurava di farsi da tre giorni, si tirò le punte dei pochi e lunghi capelli che scendevano dalla nuca e dalle tempie, posò il suo sguardo su ciascuno dei presenti come a volerne sondare l'animo, poi disse: «Caro Cinna, ti ringrazio per le tue premure, ma questi onori non si addicono alle mie condizioni. Come vedi, ormai sono solo un povero vecchio ridotto male, fuggiasco e braccato da tutti, pieno di acciacchi e, come ha giustamente detto Carbone, di nemici. Non sarei rappresentativo come magistrato della Repubblica, e preferisco rendermi utile in qualità di consigliere, affinché le tue giuste rivendicazioni siano coronate da un esito positivo. Combattiamo soprattutto per i diritti degli Italici, che tanto sangue hanno versato per Roma nei secoli passati e che meritano di contare di più a livello politico».

L'espressione di Cinna si distese visibilmente, e così quella degli altri generali. Il volto del magistrato deposto si allargò in un sorriso. «E sia, dunque! Per quanto desideri conferirti gli onori che meriti, non posso che rispettare e ammirare la tua modestia», replicò con evidente ipocrisia. Crisso si chiese se anche per Mario la sua ambiguità fosse tanto palese. «Spero che vorrai comunque suggerirci il modo migliore per accerchiare Roma e bloccare le sue vie di approvvigionamento. Sono pronto a scommettere che, non appena il popolo inizierà ad avere fame, il Senato vorrà trattare il mio ritorno in città».

Mario si avvicinò deciso al tavolo sul quale era stesa una mappa di Roma, con le mura serviane in primo piano e le porte principali che si aprivano lungo la cinta. Allungò il braccio sulla cartina e prese a indicarne i punti. «Dobbiamo stringere in una morsa l'Urbe e toglierle qualunque possibilità di ricevere vettovaglie e rinforzi», spiegò. «Dobbiamo sorvegliare le vie d'accesso ai quattro punti cardinali. Tu, Cinna, andrai a occidente, insieme a Carbone. Con le vostre truppe sorveglierete gli accessi al mare tramite la Via Aurelia e quelli verso l'Etruria e il settentrione, presidiando la Via Flaminia. A oriente andrà Sertorio, per chiudere ogni comunicazione con l'entroterra e la costa adriatica, scongiurando qualunque tentativo di prenderci da tergo da parte di Pompeo

Strabone. Ma il settore più delicato riguarda il Tevere e la via fluviale per Ostia. È da lì che proverranno i maggiori rifornimenti alla città. Intendo impossessarmi io stesso di Ostia, con i miei uomini e un altro migliaio che ciascuno di voi mi cederà delle vostre rispettive armate».

Un silenzio attonito accolse le sue parole da generale in capo. Crisso fece fatica a reprimere un sorriso: a dispetto del suo schermirsi di poco prima, Mario agiva da comandante; evidentemente, non sapeva comportarsi in modo diverso, dopo tanti anni da generale supremo.

«Non fate quelle facce», disse perentorio, accortosi dello sconcerto che lo circondava. «Un migliaio di uomini ciascuno non sono poi un gran sacrificio, considerando che il mio è l'obiettivo più importante. E poi, quando assumerò il controllo di Ostia, presidierò anche le vie d'accesso a meridione, dall'Appia all'Ostiense: un settore molto ampio da coprire, per il quale ho bisogno di più uomini di quanti ne abbia. Senza contare che espugnare un caposaldo come Ostia potrebbe non essere uno scherzo: è ben difesa da una forte guarnigione e per assalirla ci vogliono molti uomini».

Gli altri generali si guardarono imbarazzati. Poi fissarono tutti Cinna, aspettandosi che fosse lui ad arginare la prorompente personalità del vecchio generale. L'ex console esitò, mentre Mario attendeva, sfidandoli quasi a mettere in dubbio le sue parole. La verità, pensò Crisso, era che la sua strategia era inappuntabile, e se qualcuno l'avesse contraddetto, l'avrebbe fatto solo per competizione o ripicca. Anche Cinna se ne rendeva conto, ed era combattuto tra la necessità di assecondare il vecchio generale, che sembrava sapere il fatto suo e che poteva portarlo a una vittoria altrimenti improbabile, e il bisogno di riaffermare la propria autorità sui subalterni.

Alla fine, allargò le braccia in un gesto di resa. «Non credo si possa obiettare qualcosa su questo piano», dichiarò. «Mario ha più esperienza di tutti noi messi insieme, ed è giusto che sia lui a farsi carico dell'impresa più complessa. Per quanto mi riguarda, gli affido volentieri mille dei miei uomini, e voi farete altrettanto. A patto che poi ce li restituisca, ovviamente, quando sarà il momento di fronteggiare eventuali attacchi da tergo». Guardò prima i generali e poi Mario, in cerca di un esplicito cenno di assenso da parte di tutti.

Sertorio, Milonio e Carbone attesero qualche istante di troppo prima di annuire ma poi lo fecero, chi prima chi dopo, con un'espressione nel migliore dei casi neutra impressa sul volto, se non contrariata. «A patto che poi ce li restituisca, ovviamente», sentì il bisogno di ripetere Sertorio, fissando il vecchio condottiero.

«Ma certo. Lo farò non appena avrò conquistato Ostia», dichiarò Mario, fissandolo negli occhi.

Ma un lampo di sfida gli attraversò lo sguardo, e Crisso ebbe anche l'impressione di intravedere un ghigno che distorceva le sue labbra avvizzite.

Giunilla aveva paura. Non c'erano scontri in città, come era avvenuto pochi anni prima, quando Silla era penetrato a Roma e affrontato i seguaci di Mario, né le risse di poche settimane prima, quando per strada i sostenitori della legge proposta da Cinna e quelli che la avversavano se le davano di santa ragione. Ma la presenza di più eserciti alle porte dell'Urbe si sentiva dovunque. C'era un silenzio teso, irreale, e la gente si muoveva con passo felpato, come se non volesse farsi udire dal nemico appostato nei dintorni. Il solo rumore evidente era quello, inconsueto, dei soldati che marciavano da un capo all'altro dell'Urbe, per andare a darsi il cambio sugli spalti nei settori delle mura più minacciati, di fronte ai quali le truppe di Mario e Cinna si erano accampate.

L'atmosfera del Foro Boario rifletteva lo stato d'animo della gente. Giunilla quasi non riconosceva il mercato dove veniva abitualmente a fare compere per conto dei suoi padroni, né si raccapezzava lungo il molo del porto fluviale dove attraccavano le imbarcazioni con le merci provenienti da Ostia. Il suo olfatto non era stato aggredito, come di consueto, dai mille odori caratteristici dell'area del mercato, né si sentiva campeggiare sugli altri il forte tanfo di pesce e, in special modo, del *garum* che i venditori facevano annusare agli avventori per convincerli della prelibatezza di quella salsa. E non c'era traccia dei profumi intensi delle spezie provenienti dall'Oriente, del fetore disgustoso delle carcasse di animali sventrati e macellati, dell'aroma dei vini di varia qualità da ogni parte dell'impero.

Ma anche il suo udito non trovava nulla di familiare nel piccolo mondo che la circondava. Nessun muggito dei buoi ammassati lungo il molo dopo aver trainato controcorrente le barche che risalivano il fiume da Ostia. Niente urla dei venditori, di solito impegnati in una gara per superarsi l'un l'altro in volume, magnificando le proprie merci e i prezzi più vantaggiosi; niente grida di avventori in piena trattativa per la vendita di un grosso quantitativo di merci, né anatre, galline, polli starnazzanti cui veniva tirato il collo prima della vendita, o cani randagi che abbaiando si disputavano gli avanzi e gli scarti.

Non era il Foro Boario cui era abituata e, in verità, non sembrava neppure un mercato.

La *domina* l'aveva mandata con due schiavi addetti al trasporto per fare incetta di generi di prima necessità, in previsione del blocco delle merci posto dagli assedianti. Ma un'infinità di cittadini aveva avuto la stessa idea. Quando aveva visto la fiumana di gente confluire verso il mercato, Giunilla si era rassegnata a disputare le merci in mezzo a una ressa formidabile, e aveva perfino pensato di valersi dei suoi due aiutanti, ben più robusti di lei, per farsi largo a suon di gomitate verso i banchi. Invece, aveva incontrato lo sguardo deluso e disorientato di chi l'aveva preceduta e ora tornava indietro a mani vuote. Quelle persone sussurravano disperate che non c'era più niente, che le poche merci disponibili erano andate via prima dell'alba, e che nient'altro era arrivato per fiume dopo di allora. Si lamentavano che i venditori non avessero nulla sui banchi, nulla nei magazzini accanto al molo, e che non sapessero neppure dire quando le derrate sarebbero state di nuovo disponibili.

I pochi che ancora avevano qualcosa da mangiare si alzavano in piedi sui banchi e gridavano prezzi folli, che inducevano la gente ad allontanarsi disgustata. Ma qualcuno poi tornava indietro e acquistava. Erano solo più ricchi degli altri, o più lungimiranti? Giunilla si chiese come fosse possibile che già non si trovasse più nulla: in fin dei conti, gli assedianti erano giunti alle mura della città solo da tre giorni; e anche se Ottavio aveva atteso a mandarla al mercato, trovando poco consono alla sua dignità partecipare all'accaparramento delle derrate con i cittadini che rappresentava, lei non avrebbe mai pensato che nell'arco di così breve tempo sparisse tutto.

«Adesso l'unica speranza è Pompeo Strabone».

«Sì, solo il proconsole può venire a salvarci. Ma quanto impiegherà ad arrivare dal Piceno?»

«Sempre che abbia il coraggio e i numeri per aggredirli da tergo...».

La ragazza sentì il dialogo tra due avventori e la sua preoccupazione crebbe. Decise di farsi largo fino alle banchine. Forse, si disse, la merce veniva venduta direttamente sul molo dalle imbarcazioni che attraccavano, senza neppure arrivare sui banchi del mercato. Si fece aiutare dai due schiavi per aprirsi un varco fino al fiume ma, quando arrivò a ridosso dell'acqua, lo spettacolo che le si parò davanti non fu meno inconsueto di quello cui aveva appena assistito al mercato. Lungo il molo erano attraccate poche barche, molte di meno di quante ne vedeva di solito; i loro equipaggi se ne stavano con le mani in mano a giocare a dadi, a riposare e a oziare senza darsi la pena di scaricare o caricare derrate.

Ma ciò che più la colpì fu che il fiume era inanimato. Solo acqua che scorreva placida verso il mare, lontano poco più di quindici miglia. Nessuna imbarcazione lo solcava, e spingendo più in là lo sguardo, oltre il Tempio di Minerva, oltre i magazzini, constatò che nessuna sagoma di naviglio compariva all'orizzonte.

“Non ci sono merci perché nessuno le porta a Roma”, pensò.

Sconsolata, stava per voltarsi e tornare a casa, quando l'occhio le cadde su una delle poche barche attraccate. Un uomo giaceva sul ponte ferito al fianco, in una pozza di sangue, e un altro che pareva un medico gli armeggiava intorno con bende ed erbe. La schiava si fece coraggio e si avvicinò al bordo della barca, notando solo allora una freccia poggiata accanto al dottore.

«Ma cosa è successo? Chi lo ha colpito?», chiese agli altri uomini dell'equipaggio, assiepati intorno al ferito.

Quelli la guardarono infastiditi, e solo allora Giunilla si rese conto di essere probabilmente l'ennesima persona a rivolgere loro quella domanda.

Tuttavia uno degli uomini la squadrò da capo a piedi e dovette piacergli quello che vide, perché si degnò di risponderle: «Ce la siamo cavata per un pelo, anche se lui è stato meno fortunato di noi. Gaio Mario ha costruito dei ponti di barche lungo il Tevere per bloccare il traffico da Ostia. Noi siamo stati gli ultimi a passare, e solo perché il ponte era ancora incompleto. Però ci hanno bersagliato di frecce dalla riva...».

Giunilla avvertì una morsa allo stomaco. Si allontanò dal molo senza badare ai richiami dell'uomo che le aveva parlato, molto ansioso di continuare la conversazione.

Le venne da piangere. Erano già circondati e isolati dal resto dell'Italia.

III

Il *castrum* di Ostia aveva in tutto e per tutto l'aspetto di un accampamento militare in piena regola, rifletteva Crisso mentre ingannava il tempo nell'attesa che il traditore aprisse loro le porte: era un terrapieno sormontato da una palizzata, e circoscritto da un fossato. La sola differenza, e non da poco, era che il vallo esisteva solo su due lati. Gli altri erano delimitati, rispettivamente, dalla foce del Tevere e da un piccolo porto che affacciava sul mare.

Non che il giovane schiavo avesse esperienza di vita militare, beninteso. Di fatto, quella era la sua prima operazione bellica in senso stretto, e oltretutto aveva ottime possibilità di concludersi senza alcuno scontro: Mario aveva convinto un soldato della guarnigione, catturato mentre era in perlustrazione il giorno precedente, ad aprirgli le porte non appena fosse calato il buio; e il legionario, che aveva rivelato di aver militato ai suoi ordini in passato, aveva accolto la proposta con entusiasmo, sia per evitare un massacro pressoché certo dei suoi compagni, sia perché contento di compiacere il suo vecchio comandante. A quanto pareva, la presenza di Mario tra le file degli assedianti stava iniziando a dare i suoi frutti.

L'armata messa a sua disposizione da Cinna era schierata lungo l'entroterra, ma non aveva neppure tentato l'approccio al vallo. Crisso si chiese se Mario avesse mai avuto davvero intenzione di assalire il caposaldo, o se avesse sempre avuto in mente di prenderlo per tradimento grazie alla propria influenza sui soldati, utilizzando l'impresa come pretesto per sottrarre truppe agli altri comandanti. Frattanto, la luce lunare aveva iniziato a brillare sull'acqua del Tevere: era tempo di avvicinarsi alla posterula davanti alla quale il legionario aveva dato appuntamento a Mario. Il generale fece segno alle sue guardie del corpo di avanzare, e Crisso si mosse insieme a tutti gli altri schiavi che Mario aveva scelto.

Il giovane si sentiva fiero di appartenere a un'unità speciale, per la quale era stato anche coniato un nome: i bardiei, dalla regione dell'Iberia da cui proveniva la maggior parte di essi. Un centinaio di schiavi di particolare prestanza fisica, che proteggevano Mario con l'obiettivo di ottenere l'affrancamento. Sapeva bene che gli altri soldati, quelli veri ed esperti, si facevano beffe di loro, li consideravano con disprezzo e li reputavano niente più che gli schiavi personali di Mario, senza attribuire loro alcun valore militare; ma era certo che presto lui e i suoi commilitoni avrebbero dato prova di meritare la stima che il condottiero aveva mostrato nei loro confronti, scegliendoli per un compito tanto delicato come proteggere la vita del prossimo console della Repubblica. E non vedeva l'ora di trovarsi in una situazione di battaglia, per mostrare quanto aveva appreso nel frettoloso addestramento che alcuni centurioni refrattari avevano impartito loro su ordine di Mario.

Lui ce l'aveva messa tutta, per bruciare le tappe e imparare in poche settimane quello che una recluta acquisiva nel corso dei quattro mesi precedenti all'inquadramento in una legione. Era molto impaziente di mettersi alla prova, e di vedere se era davvero tagliato per fare il soldato. Mario era molto vecchio, ormai, e presto avrebbe dovuto cercarsi un altro comandante: gli sarebbe piaciuto, una volta passato alla condizione di uomo libero, entrare a far parte dell'esercito in pianta stabile. E forse avrebbe fatto in tempo a partecipare alla guerra contro Mitridate, che Mario aveva intenzione di soffiare a Silla, a dispetto della veneranda età che avrebbe dovuto dissuaderlo dall'aspirare a condurre nuove campagne in terre tanto lontane. Sarebbe stato un modo eccellente per rendere onore alla memoria del padre, caduto in battaglia contro il più grande condottiero della storia, e per cancellare l'onta della schiavitù.

Giunsero davanti alla posterula, sfilando tra gli edifici sorti intorno al vallo e camminando chini per evitare che qualcuno li notasse dagli spalti. Non dovettero attendere molto perché il battente iniziasse a cigolare. La porta si aprì e comparve l'esploratore del giorno prima, insieme a un altro soldato che salutò con grande eccitazione Gaio Mario, ricordandogli di aver combattuto con lui in Africa. Il vecchio condottiero annuì, e Crisso non seppe dire se lo faceva per compiacerlo o se si ricordasse davvero di un soldato tra le decine di migliaia che aveva guidato quasi vent'anni prima.

I due legionari li fecero entrare e li guidarono nell'ombra verso la porta pretoria, spiegando a Mario che avrebbero dovuto neutralizzarne le sentinelle per poterla aprire al resto dell'esercito: le guardie, dissero, erano dodici in tutto, in quel settore. Crisso si sentì assalire dall'emozione: ci sarebbe stata un'azione di forza, dopotutto, e lui vi avrebbe partecipato. Quando giunsero nei pressi della porta, Mario si fece indicare le postazioni delle guardie, poi divise i bardiei in tre gruppi. Uno sarebbe salito sugli spalti a neutralizzare le guardie sulle torri e sui camminamenti, un altro avrebbe presidiato la zona circostante la porta, eliminando eventuali ostacoli e impedendo a chiunque di avvicinarvisi, e l'ultimo avrebbe materialmente aperto i battenti.

Crisso sperò di essere assegnato a uno dei primi due gruppi, e gioì dentro di sé quando Mario lo collocò tra i trenta che dovevano risalire gli spalti. Gli parve perfino un gioco da ragazzi, tale era il divario numerico tra loro e le sentinelle. Temette di dover solo fare da spettatore e si impegnò per raggiungere la scala prima degli altri, per poter essere certo di menare le mani. Quando fu sugli spalti, un legionario lo notò e subito gridò per dare l'allarme, ma non si mosse dalla sua postazione, che condivideva con un altro commilitone. Crisso sguainò la spada e si avventò su entrambi, rassicurato dal respiro affannoso dei suoi compagni, che lo seguivano immediatamente dietro.

Ma non appena brandì la spada, i due legionari lasciarono cadere i giavellotti e gli scudi a terra e alzarono le mani in segno di resa. Crisso si sentì assalire da un misto di delusione e di rabbia, e fu tentato di calare la lama comunque. Ciononostante, si bloccò, limitandosi a tenerne la punta sotto il naso del più vicino. Tuttavia, si sentì spingere di lato. Un compagno lo superò e, ruggendo come una fiera, si avventò sui due malcapitati menando un fendente che squarciò il volto di un legionario, aprendolo in due e provocando un violento spruzzo di sangue caldo, che investì anche il viso di Crisso.

Lo schiavo emise un grido di trionfo e si lanciò contro l'altro legionario, ma Crisso gli bloccò il braccio. «Si è arreso, non lo vedi?», gli disse.

«E cosa mi importa?», replicò quello, cercando di divincolarsi. «Sono qui per combattere, non per fare da balia ai soldati!».

«Mario li vuole incorporare nel suo esercito, e si seccherà molto se glieli ammazzi senza motivo», insisté lui, e solo allora gli occhi spiritati del compagno sembrarono assumere uno sguardo consapevole; fece un gesto di stizza, battendo la spada sul parapetto, afferrò per la lorica il legionario e lo prese in consegna. Crisso guardò l'altra torre: i suoi compagni avevano preso possesso del caposaldo ed esibivano orgogliosi le teste, con tanto di elmo, dei due soldati che avevano ucciso. Il giovane si chiese se si fossero arresi anche loro.

Poi guardò di sotto. La porta era dei bardiei, ormai, e i battenti erano aperti. Mario, circondato dai suoi uomini, fronteggiava quattro legionari fatti prigionieri, uno dei quali piegato su se stesso e presumibilmente ferito. Altri quattro erano a terra, morti o svenuti. Poco oltre, soldati svegliati di soprassalto e accorsi alla porta, molti privi di lorica, elmo e scudo, con la sola tunica e con in mano il gladio, rimanevano immobili e a distanza di sicurezza, senza badare agli ordini dei centurioni che li esortavano ad attaccare e a respingere gli invasori.

Nessuno osava avventarsi su Mario. Era sorprendente come un uomo di settant'anni, equipaggiato in modo modesto e trascurato nell'aspetto, potesse incutere un simile timore reverenziale. Doveva essere stato davvero un leone sul campo di battaglia, concluse Crisso, per godere di quella venerazione a distanza di tanti anni.

Tuttavia, se solo i legionari sopraggiunti si fossero decisi a scagliarsi sui bardiei, ne avrebbero avuto ragione: erano più esperti e in numero superiore. E Mario, davanti ai suoi schiavi, era il più esposto: sarebbe bastato un tiro di giavellotto per ucciderlo. Ne aveva, di fegato, quel vecchio.

Il giovane si voltò a dare un'occhiata all'esterno. Tutto dipendeva dall'arrivo del resto dell'esercito, adesso. Fu confortato nel vedere ombre che sciamavano tra gli edifici del borgo addossato al vallo; la loro comparsa immediatamente successiva all'interno del *castrum* tolse qualunque residua velleità alla guarnigione: a mano a mano che i legionari provenienti dall'entroterra affluirono intorno a Mario, i soldati di Ostia gettarono le armi a terra. Non trascorse molto tempo e anche i centurioni e il tribuno che li comandava, ormai circondati, consegnarono le proprie spade ai nuovi arrivati.

Crisso constatò che non c'era il rischio né la speranza di combattere, e lasciò gli spalti per riprendere il suo posto accanto a Mario, il quale, intanto, aveva iniziato a parlare: «Sono contento che questa conquista non sia costata sangue romano, soldati», disse, rivolgendosi alla guarnigione. «Ho guidato molti di voi in passato, e intendo farlo ancora, quando rivestirò il comando della guerra contro Mitridate in Oriente, come ho intenzione di fare non appena il Senato mi permetterà di entrare a Roma».

Crisso si rilassò. L'impresa era terminata in modo pressoché incruento. Ora non rimaneva che tornare da Cinna e stringere il blocco all'Urbe. C'era addirittura il rischio che, con la caduta di Ostia nelle mani degli assedianti, i Romani cedessero fin troppo presto e rendessero vano il suo addestramento: sembrava proprio si fosse preparato per delle battaglie che non si sarebbero mai combattute.

«Miei bardiei», Mario si rivolse alla sua guardia del corpo, «non crediate di riposarvi. Per mostrarvi che sono contento del vostro operato, vi concedo il saccheggio. Rastrellate subito le case e prendetevi tutto il bottino che volete. Ci rivedremo domattina all'alba davanti a questa porta. E non preoccupatevi: i nostri soldati terranno a bada quelli della guarnigione che non si mostreranno d'accordo».

Un urlo di gioia proruppe dalle file degli schiavi, che subito inneggiarono il nome del loro comandante e padrone. Crisso ne fu disorientato: la città non era caduta dopo un assalto, quindi le leggi di guerra non prevedevano il saccheggio.

Il vecchio condottiero fece cenno di tacere e gli uomini obbedirono. «Ah! Dimenticavo: non andate troppo per il sottile con la gente. Se protesta, uccidetela. E se trovate attraente qualche ragazza, è tutta vostra: i cittadini di Roma devono sapere cosa succederà se oseranno resisterci!».

Gli schiavi lo acclamarono ancora più forte, poi si sparpagliarono per i vicoli squadrati del *castrum*, tra gli sguardi allibiti dei soldati. Crisso si sentì trascinare da un compagno, che lo esortò ad andare con lui a divertirsi. Fece resistenza e si soffermò a fissare Mario, che gli restituì uno sguardo feroce. E allora capì: il condottiero si aspettava che loro facessero il lavoro sporco. Forse li aveva arruolati proprio per quello: per fargli fare ciò che per un soldato romano sarebbe stata un'onta, ma che per uno schiavo era consuetudine.

Mentre raggiungeva mesto il compagno, che stava sfondando a spallate la porta dell'abitazione più vicina, Crisso si chiese se avrebbe mai potuto emanciparsi dal proprio destino. Fecero irruzione in un locale illuminato solo dalla luce che filtrava dalle finestre; l'urlo di un uomo e il brillio di una spada preannunciarono l'apparizione, non appena gli occhi si furono abituati alla penombra, della figura che si gettò addosso a loro. D'istinto, Crisso protese la spada in avanti, e solo dopo averlo trafitto, si accorse che si trattava di un coetaneo di Mario. L'uomo si accasciò rantolando ai suoi piedi, e subito un altro urlo – stavolta una donna – attirò la sua attenzione. Strizzò gli occhi e la distinse in un angolo, sul letto, con la tunica slacciata, raggomitolata contro il muro, tenendo stretto a sé un bambino piccolo. Il suo compagno si guardò intorno, constatò che non c'era nessun altro nel locale e gli si avventò addosso. Le strappò il bambino di mano, lo gettò per terra come se si fosse trattato di un oggetto e si avventò su di lei aprendole a forza le gambe.

Crisso si mosse in avanti per bloccarlo, ma subito dopo si sentì spingere alle spalle. Altri due bardiei avevano varcato la soglia. Lo superarono e iniziarono a rovistare dovunque, mettendo a soqquadro il locale, rovesciando un armadio, il tavolo e le cassapanche. Il bambino camminava carponi per terra e uno dei due, che non lo aveva notato, incespicò su di lui, perse l'equilibrio e a stento rimase in piedi. Lo maledisse e gli diede un violento calcio, che lo mandò a sbattere contro il muro. Il primo schiavo, intanto, urlò di piacere, si sollevò dal letto e invitò Crisso a farsi avanti. Il giovane guardò la ragazza, che giaceva immobile sulle lenzuola, muovendo appena il capo in direzione del bambino che piangeva a dirotto. Crisso esitò ancora.

«Che fai, disubbidisci agli ordini del generale? Guarda che glielo dico, sai?», gli fece il compagno che aveva appena abusato della donna.

"Lavoro sporco. L'unica via per uscire dalla schiavitù", si disse Crisso, sentendosi stringere lo stomaco. E avanzò verso la donna, gettandosi su di lei a peso morto.

«Ostia, ti rendi conto? Hanno preso Ostia!», si lamentò il console Ottavio sdraiandosi sul triclinio dove era atteso dalla moglie per la cena. «Per mare adesso non può venire a soccorrerci nessuno».

«È orribile», commentò la *domina*, mentre Giunilla le serviva un sobrio antipasto a base di lattuga e uova sode. I pasti erano diventati più frugali da quando l'assedio aveva avuto inizio.

«No, è orribile quello che Mario ha permesso di fare ai suoi uomini. Adesso ha questi schiavi, che chiama bardiei… li ha lasciati saccheggiare la città, nonostante gli avesse aperto le porte. E quelli sono andati in giro a uccidere e stuprare…».

«Per gli dèi! È la fine che faremo noi se lasceremo entrare gli assedianti?», replicò la moglie, sgomenta. Anche Giunilla rimase profondamente impressionata dal racconto del console, e gli si avvicinò porgendogli il piatto con un leggero tremito di paura.

«Non è escluso, considerando quali bestie si portano dietro Mario e Cinna. Se non altro, in Senato ho avuto buon gioco nel far cadere il decreto sull'arruolamento degli schiavi che qualcuno ha avuto il coraggio di riproporre. Abbiamo visto cosa succede ad armare quegli animali».

«E allora forse dovremmo trattare una resa prima di esasperare Cinna e Mario, magari…».

«C'è anche chi ha proposto questa soluzione, in aula, oggi», ammise Ottavio, facendo cenno a Giunilla di essere pronto per la portata principale. La schiava si fece passare dal cuoco un'olla con della minestra di farro e con una trulla iniziò a versarne nel piatto del padrone. «Ma dovranno passare sul mio cadavere», proseguì il console. «Non abbiamo fatto uscire Cinna dalla finestra per farlo rientrare poi dalla porta. Insieme a Mario, per giunta. I disordini che abbiamo subìto nei mesi scorsi sarebbero nulla al confronto di ciò che ci aspetterebbe! E io non intendo cedere a quest'imposizione di forza, oltretutto!».

«Ma il Senato è con te?»

«Il Senato è con chi si mostra più deciso. E poi lo sanno che, se Cinna rientrerà in città con l'appoggio di Mario, farà approvare la legge sulla distribuzione dei nuovi cittadini nelle tribù, e allora dovremo fare i conti con magistrati rozzi e ignoranti e demagoghi come lui. Se tengo il punto, mi sosterranno».

«Ma presto non avremo più di che mangiare, e allora non sarà facile resistere, marito mio...».

«Non arriveremo a quel punto», la rassicurò il console. «Razionando le scorte, saremo in grado di tenere duro per tutta l'estate, e vedrai che allora le forze nemiche si sfalderanno, e i generali inizieranno a litigare tra loro. Ad ogni modo, non ci sarà bisogno di resistere tanto: Pompeo Strabone ha finalmente rotto gli indugi, e ha fatto pervenire un messaggio in cui ci comunica di essersi messo in movimento. Presto sarà qui e attaccherà battaglia. Li prenderemo tra due fuochi».

Giunilla si sentiva sempre più fiera di servire quell'uomo integerrimo. Ottavio doveva avere davvero una enorme forza d'animo per farsi carico della responsabilità di centinaia di migliaia di vite umane; sostenere sulle proprie spalle il peso della fame e delle angosce di tanta gente era impegno che solo pochi grandi uomini potevano sopportare; e lui si stava dimostrando senza dubbio uno dei più grandi, degno di entrare nella storia di Roma al pari di altri insigni personaggi di cui la ragazza aveva sentito parlare: Coriolano, Furio Camillo, Scipione Africano, Scipione Emiliano.

Aveva paura, ma non era terrorizzata. Il pensiero che il suo padrone vegliasse su di lei la rassicurava e la induceva a guardare con fiducia al futuro. Grazie a Ottavio, quei mostri degli schiavi di Mario non l'avrebbero toccata.

IV

Crisso si sentì pervadere dall'eccitazione, quando vide il drappello di cavalieri di Pompeo Strabone caricare su per il pendio dove si era posizionato Mario a osservare l'andamento della battaglia. Massacrare civili non era stata certo la sua aspirazione, quando aveva aderito alla proposta del condottiero di seguirlo a Roma, e adesso che poteva finalmente combattere contro soldati veri si sentiva un uomo: ciò che non era mai stato da schiavo, e ciò che non sarebbe mai diventato limitandosi a seviziare persone inermi.

La battaglia che aveva tanto atteso era arrivata, insieme alla comparsa dell'armata di Strabone davanti a Porta Collina, nel settore nordorientale di Roma. Il proconsole li aveva subito attaccati alle spalle, e sul campo di battaglia avevano finito per convergere sia le forze di Mario che quelle di Cinna, mentre gli altri generali, Sertorio, Milonio e Carbone, erano costretti a mantenersi inattivi per sorvegliare le porte da cui gli assediati avrebbero potuto condurre delle sortite.

E in un primo momento, si erano trovati in difficoltà. L'attacco di Pompeo li aveva obbligati ad arretrare fin sotto le mura, esponendosi ai tiri di catapulte, scorpioni e arcieri dagli spalti. Costretti a riversarsi in avanti per non doversi difendere su due fronti, i legionari di Mario si erano frazionati in tanti piccoli gruppi, isolati gli uni dagli altri, alcuni in posizione più avanzata, altri più arretrati e alla mercé dei difensori. Il vecchio condottiero assisteva da una collina allo scontro, diramando ordini che, nel disordine degli schieramenti ormai impegnati nel corpo a corpo, i comandanti subalterni facevano fatica a eseguire.

Fino a quel momento, Crisso non aveva fatto nient'altro che mantenersi accanto al generale insieme alle altre guardie del corpo. E la sua frustrazione per l'impotenza cui era relegato aumentava ogni momento. Osservava i soldati di Mario combattere con accanimento nella pianura sottostante, menare fendenti e affondi con i loro micidiali gladi, creare testuggini per difendersi dai proietti, e li invidiava, nonostante rischiassero la vita in ogni istante e a dispetto delle perdite subite. Avrebbe voluto precipitarsi in loro soccorso, ma Mario non si muoveva, badando bene a non sottoporre la sua vecchia carcassa allo sforzo della prima linea.

Tuttavia, adesso era la battaglia che stava venendo a cercare l'anziano condottiero. Uno squadrone di ausiliari si era accorto della sua presenza e il loro comandante aveva abbandonato l'ala a protezione del fianco della fanteria, guidando la sua unità verso la collina dove si trovava l'obiettivo più prestigioso. E nessuna delle unità sotto il comando di Mario poteva intervenire in soccorso: in quel momento, erano le più sottoposte alla pressione nemica.

«Generale, ripieghiamo dietro quella gola e mandiamo un messaggero a Cinna perché ti invii truppe di sopporto! Laggiù possiamo resistere finché non arrivano!», urlò uno dei tribuni che componevano lo Stato maggiore di Mario, rivolgendosi concitato al generale.

«Inutile», rispose imperturbabile il vecchio. «Quel verme userebbe la scusa di avere tutti gli uomini impegnati e non invierebbe nessuno. Sono un alleato troppo scomodo per lui e sotto sotto si augura che io crepi. Dobbiamo cavarcela da soli. Rimaniamo qui: almeno combatteremo in favore di pendio».

Crisso ammirò il sangue freddo del suo capo, e si emozionò di fronte alla prospettiva di combattere, per giunta per salvare lo stesso Mario. Il condottiero dispose una fila di bardiei davanti a sé e i rimanenti li distribuì sui fianchi. Crisso, tra quelli in posizione più avanzata, strinse la spada nel pugno e attese a piè fermo i nemici, lanciati al galoppo lungo il pendio e sempre più vicini alla sommità. Disponeva di un piccolo scudo rotondo ma non di elmo, né di armatura: Mario aveva deciso che la sua guardia doveva sfoggiare sgargianti tuniche rosse, il giovane però sospettava che avesse voluto semplicemente riservare l'equipaggiamento pesante ai soldati provetti.

Quando i cavalli spuntarono dal margine del pianoro, e Crisso udì il rumore dei loro zoccoli, vide le loro narici fumanti, il lucore del loro manto, l'imponenza della loro figura, ebbe l'impressione che la spada gli cadesse di mano per il tremore. Non guardava più la battaglia da lontano, non ne sentiva più parlare. Ne faceva parte, adesso, e la realtà era più dirompente di qualunque immagine la sua fantasia avesse prodotto fino ad allora.

Fissò per un istante la spada e vide che era ancora stretta tra le sue dita. Era pronto. Si disse che doveva solo usarla. Sentì i compagni ringhiare, ansiosi di dimostrare al generale di valere la scommessa che aveva fatto su di loro, e anche lui emise un urlo ferino, per darsi forza più che per impressionare il nemico.

«Pronti all'impatto! Non apritevi! Non apritevi!», sentì gridare il tribuno. I cavalieri erano ormai talmente vicini da poterne distinguere le espressioni determinate sui volti: non più pezzi di un gioco astratto, ma esseri umani in cerca del suo sangue.

Subito dopo, lame luccicarono sopra di lui, pronte a ghermirlo. Alzò il braccio sinistro per ripararsi con lo scudo, si mise di fianco per opporre un bersaglio più ridotto all'urto del cavallo e protese la spada in avanti con il braccio destro. Il muso dell'animale gli sfiorò il viso, la zampa rischiò di sgambettarlo, la spada nemica di trafiggerlo. Crisso si spostò per ritrovarsi sul fianco del cavaliere, dove poteva nuocergli, e non di fronte, dove poteva solo subire. La lama lo mancò, e lui fece in tempo a vibrare il colpo. Calò la spada un istante dopo che il busto del cavaliere era passato, e il ferro incise il dorso del cavallo, appena oltre i corni della sella, facendolo imbizzarrire.

La bestia ricadde di sbieco, spezzandosi una gamba e crollando a terra sul fianco. Cavallo e cavaliere finirono addosso a Crisso, che si ritrovò bloccato con le gambe sotto la sella insieme al nemico finito con la faccia nella polvere. Quello era stordito dalla caduta, lui lucido, e ne approfittò per vibrargli una gomitata al centro della schiena. Poi ghermì la spada a mo' di pugnale e, con tutta la forza di cui disponeva, la piantò per terra trapassando lorica e corpo della sua vittima. Emise un urlo di trionfo e, nello stesso tempo, di dolore per la pressione del cavallo che si agitava ancora sopra le sue gambe. Si rese conto di aver appena ucciso il suo primo nemico. *Di aver ucciso per la prima volta in vita sua*. Quella consapevolezza lo lasciò sgomento, e per un istante non badò alla mischia che si era creata intorno a lui.

Si accorse troppo tardi che quell'istante poteva rivelarsi fatale. Un cavaliere caduto di sella nell'urto con la linea di bardiei aveva recuperato l'equilibrio e si era appena sbarazzato di un avversario, cui aveva tranciato un braccio. Il romano si accorse di avere Crisso ai suoi piedi e caricò per sferrare un fendente anche a lui. Il giovane avrebbe voluto strisciare via da sotto il cavallo, ma il suo peso lo bloccava. L'altro vibrò il fendente, e Crisso vide la lama insanguinata calare sul proprio petto. Ma ciò che lo colpì non fu il duro metallo, bensì il ruvido corpo del compagno dal braccio mozzato, che barcollando per il dolore aveva finito per inciampare. Fu lui a prendersi il colpo, che per la sua figura martoriata rappresentò quello di grazia. Spirò su Crisso, che così si ritrovò bloccato dal bacino in giù dal cavallo, e nella parte superiore dal cadavere.

Aveva una sola possibilità: mentre il nemico

estraeva l'arma dalla sua vittima, menò un fendente esterno, e con la parte terminale della spada riuscì a impattare nella sua caviglia. Si stupì nel constatare quanto facilmente la propria lama affilata trapassasse carne e osso: un istante dopo vide il metallo lambire l'altra gamba sullo slancio, mentre quella trapassata pendeva spruzzando sangue ovunque, con il piede immobile per terra, a due palmi di distanza dal moncherino. Il romano crollò in ginocchio urlando come un invasato, e con una forza insospettabile spinse via il cadavere che ricopriva Crisso, guardando con odio l'uomo che lo aveva mutilato e apprestandosi a ficcargli la spada nella pancia. Stavolta Crisso non aveva possibilità di reagire: l'avversario era in vantaggio e già la sua spada aveva iniziato la rotazione del fendente fatale.

Ma la lama rimase a mezz'aria. All'improvviso, si materializzò davanti agli occhi di Crisso la lunga asta di una lancia, che terminava proprio nella gola del suo nemico, la punta vermiglia affiorante dalla nuca. Il soldato crollò all'indietro, e il giovane guardò nella direzione da cui proveniva l'arma. A pochi passi di distanza, vide Mario avanzare verso di lui. Disorientato, Crisso si lasciò tirare per un braccio, sottraendosi finalmente alla morsa del cavallo, e si rialzò faticosamente in piedi.

«Sei… sei stato tu?», chiese al vecchio.

«Strano, vero? Un generale che salva la sua guardia del corpo», sorrise Mario.

Crisso ancora non ci credeva. Il grande Gaio Mario si era scomodato per lui. Aveva ritenuto che la sua miserabile vita fosse degna di essere salvata. «Io… non so come ringraziarti», mormorò.

«Portandomi fortuna», replicò Mario. «Ho visto quel tuo compagno cadere su di te proprio quando il nemico stava vibrando il colpo; quindi ho pensato che fossi un uomo molto fortunato e che valesse la pena salvarti. Meglio essere protetti da una guardia fortunata che da una brava».

Crisso si sentì punto sul vivo per quell'implicita critica, e desiderò ardentemente dimostrargli di essere anche bravo: non aveva alcuna intenzione di fungere solo da portafortuna. Frattanto, intorno a loro la mischia si era fatta serrata, e almeno una decina di bardiei si erano asserragliati intorno al loro comandante per tenerlo a distanza dal corpo a corpo con gli avversari. Crisso si dispose al loro fianco e ingaggiò un duello con un cavaliere che aveva appena ferito grazie alla sua lancia uno schiavo, obbligandolo alla semplice opposizione con lo scudo. Il giovane fece quel che poteva per tenerlo lontano, ma non poteva neppure avvicinarlo senza rischiare di essere trafitto a sua volta dall'arma ben più lunga del nemico.

D'improvviso, il suo compagno, che perdeva molto sangue dalla spalla, perse tutte le energie e crollò a terra, sfiancato. Si aprì un varco, e Crisso si rese conto che il cavaliere si trovava esattamente sulla direttrice di Mario. Lo capì anche il romano, che non perse tempo e portò il braccio all'indietro, preparandosi a scagliare la lancia. Crisso pensò di gettarsi contro il cavaliere, ma gli sarebbe arrivato addosso dopo che il tiro era partito; ed era un lancio pressoché a colpo sicuro. Trasse un profondo respiro, si abbassò per prendere lo slancio e seguì con attenzione il movimento del braccio del nemico. Quando vide partire il tiro, si diede la spinta in alto e saltò di lato per intercettarlo, tenendo lo scudo davanti al corpo e caricando a sua volta il braccio.

In volo, menò un fendente alla cieca. Sentì un leggero impatto della lama, uno più forte contro lo scudo, poi atterrò con violenza a terra. In apnea per l'impatto con il terreno, provò a risollevarsi e subito notò un troncone di lancia al suo fianco. Poi vide anche l'altro. Ce l'aveva fatta: aveva tranciato l'arma in volo. Guardò Mario, che gli sorrise. «L'avevo detto io, che dovevo salvarti! Ben fatto!», esclamò il vecchio, facendolo gonfiare d'orgoglio. Si rimise in piedi e vide che i sopravvissuti del drappello nemico si stavano ritirando: qualcuno, rimasto appiedato, si faceva trascinare dalla coda del cavallo di un compagno, qualcun altro era montato in groppa insieme a un commilitone ancora in sella. Intorno a lui, giacevano diverse carcasse di animali e alcuni cadaveri di soldati e bardiei.

Se l'erano cavata. Se l'erano vista brutta, ma adesso Mario poteva tornare a seguire la battaglia.

«Dalla porta! Stanno uscendo dalla Porta Collina! Guardate!», gridò un tribuno. Crisso si voltò e vide che i battenti si erano aperti, e un massiccio contingente di soldati stava aggredendo da tergo la retroguardia dello schieramento di Mario.

A quanto pareva, il peggio doveva ancora arrivare.

«Ti sei deciso, finalmente», disse il console giovane, Valerio Merula, a Gaio Ottavio, che dagli spalti aveva appena dato l'ordine di far uscire il contingente appostato dietro Porta Collina per supportare l'attacco di Pompeo Strabone alle truppe di Mario.

«Dovevo essere certo di non mandarli allo sbaraglio», si giustificò il console anziano. «I legionari di Mario e Cinna erano ancora troppo ben schierati, fino a poco fa, e avrebbero fronteggiato facilmente il doppio attacco. Ma adesso che sono scompaginati dalla pressione di Strabone, daremo loro il colpo di grazia».

«A me non sembrano scompaginati», osservò Lutazio Catulo, che aveva combattuto e trionfato al fianco di Gaio Mario quindici anni prima contro i Cimbri, sviluppando da allora un'accesa rivalità col vecchio condottiero. «Mi pare, anzi, che mantengano la loro compattezza e che abbiano riguadagnato terreno nei confronti di Strabone», precisò, indicando le coorti di Mario, schierate a manipoli in un rettangolo quasi perfetto.

Giunilla non poté che dare ragione a Catulo, e vide che anche la sua padrona era disorientata. Ottavio aveva pensato bene di sedare il panico diffusosi tra la cittadinanza per la minaccia che gravava fuori le mura dando un esempio: portando con sé sugli spalti la propria consorte, e nel bel mezzo di una battaglia appena oltre il fossato, intendeva dimostrare che non c'era nulla da temere. La padrona aveva acconsentito volentieri, sforzandosi di mostrarsi all'altezza delle sue aspettative, e aveva solo preteso di essere accompagnata dalla sua giovane domestica, per poterle stringere la mano nei momenti di maggiore tensione.

In realtà, era stata Giunilla ad avere maggior bisogno di conforto, ed era più frequente che fosse lei a stringere la mano della padrona che non viceversa. La giovane era affascinata dallo spettacolo cui era costretta suo malgrado ad assistere. Trovava magnifiche le esibizioni di virile coraggio che si svolgevano proprio sotto i suoi occhi, e allo stesso tempo provava repulsione per la nitida visione di arti tranciati, teste spiccate, esplosioni di sangue che, anche a quella distanza, poteva chiaramente distinguere in ogni settore del campo di battaglia. E più trovava disgustosa la ferocia con cui i combattenti si affrontavano, più si sentiva spinta da una morbosa pulsione a scrutare ogni movimento dei soldati con la segreta speranza di vederli trafiggere, amputare e uccidere sempre di più. Quella era la rappresentazione più straordinaria cui avesse mai assistito, e si vergognò a scoprirsi, ancora una volta, grata agli dèi per averla posta al servizio di una famiglia tanto importante, che le dava una simile opportunità, altrimenti preclusa a qualsiasi altro schiavo.

«Be', non sono in rotta, se è questo che intendi, Catulo. Ma sono comunque meno compatti di prima». Ottavio continuava a giustificarsi di fronte alle perplessità delle altre eminenti personalità, che assistevano insieme a lui al tentativo di Strabone di rompere il blocco. Giunilla ebbe l'impressione che stessero mettendo in discussione il comando supremo, rivestito dal console anziano per espresso ordine del Senato.

Catulo sbuffò, e tutti si concentrarono sui movimenti del contingente appena uscito dalla porta. La colonna della guarnigione cittadina si snodò come un serpente lungo la Via Nomentana, avvicinandosi a passo veloce alla linea più arretrata delle truppe di Mario. Poco oltre, la legione di Strabone si era divisa in due parti che agivano quasi fianco a fianco: una metà fronteggiava gli uomini del vecchio condottiero, l'altra si era quasi fusa in un abbraccio mortale con la legione di Cinna, giunta da nord a dare manforte al settore attaccato. Giunilla aveva l'impressione di assistere al volo degli stormi di uccelli che spesso si aggiravano sulla città, formando curiose figure geometriche che cambiavano in continuazione, in una sorta di gioco di prestigio per lei sempre suggestivo. Solo che lo spettacolo non avveniva più in cielo, sopra la sua testa, ma sotto di lei, abbastanza vicino da permetterle di distinguere a un tempo i contorni cangianti delle formazioni e i loro singoli componenti, le evoluzioni dei soldati, i loro salti, le giravolte, le cadute, i gesti atletici, come mimi e nani sanguinari impegnati alla spasimo per far divertire gli spettatori che li avevano ingaggiati.

Nessun circo le avrebbe offerto uno spettacolo tanto realistico e maestoso.

Quando la colonna di soccorso raggiunse la linea nemica, Giunilla capì che qualcosa non andava, prima ancora di udire le espressioni di disappunto del piccolo pubblico di privilegiati di cui faceva parte.

«Vedi che avevo ragione?», esclamò Catulo. «I legionari dell'ultima linea hanno avuto tutto il tempo di voltarsi e di fronteggiare il nostro assalto. Altro che attacco a tenaglia! Adesso abbiamo due battaglie distinte!».

«È vero!», aggiunse Merula. «Guardate! Gli uomini di Cinna tengono impegnata una parte di quelli di Strabone, impedendo di esercitare tutta la pressione sullo schieramento di Mario. Così l'ultima schiera del generale è pressata dai compagni e può combattere con disinvoltura».

«Dovevamo mandarli fuori subito, quando Strabone ha attaccato. E allora sì che li avremmo stretti in una morsa!», protestò Catulo. «Adesso li abbiamo mandati a morire inutilmente!».

«Se li avessimo lanciati all'attacco fin dall'inizio, Cinna li avrebbe assaliti sul fianco!», replicò stizzito Ottavio.

«Be', peggio di così non sarebbe potuto andare, ad ogni modo», dichiarò Merula. «Ora non sono assolutamente in grado di cambiare le sorti della battaglia. Richiamiamoli dentro».

«Niente affatto. Nella peggiore delle ipotesi, impediranno che Strabone venga stritolato da Mario e Cinna insieme, e gli consentiranno di guadagnare il suo accampamento senza troppe perdite...», si oppose Ottavio. La sua voce era meno sicura, adesso. Giunilla si sentì dispiaciuta per lui: il suo orgoglio aveva subìto un duro colpo. E forse anche il suo prestigio: aveva avuto la possibilità di infliggere una sconfitta decisiva al nemico, e se l'era lasciata sfuggire. La ragazza strinse il braccio della padrona, stavolta per farle sentire tutta la sua comprensione; la *domina* tratteneva a stento le lacrime per l'umiliazione che stava vivendo suo marito.

E mentre osservava le truppe di Strabone ripiegare ordinatamente verso il proprio accampamento, e quelle del contingente cittadino rimanevano in una posizione di stallo nel settore più vicino alle mura, le venne da pensare che tutto quel sangue era stato versato invano, in una battaglia che si era risolta in un nulla di fatto per entrambi gli schieramenti.

Aveva avuto il privilegio di assistere a un combattimento come un comandante che dall'alto segue i movimenti delle proprie truppe. Si era perfino divertita, eccitata, nel vedere le prodezze dei soldati e i movimenti delle unità. Per qualche istante, si era anche lasciata trascinare dall'illusione che fosse un gioco. E come gioco era stato esaltante. Ma la realtà era crudele.

La realtà più crudele di tutte.

V

Crisso si avvicinò alla posterula che affacciava sul Campo Marzio con circospezione, facendo cenno a Mario di rimanere indietro. Lui e i suoi compagni si disposero davanti ai battenti e attesero. Era compito loro prendersi una freccia o un fendente, nel caso in cui si trattasse di un tranello, o qualcuno accortosi della loro presenza li attaccasse. Nonostante fosse ormai calata la notte, le sentinelle di ronda sugli spalti alla luce delle torce potevano sempre notare il movimento ai piedi delle mura, dove Mario, stavolta, non aveva portato solo i bardiei, ma anche cinque coorti di legionari.

Il ragazzo avrebbe messo la firma perché andasse come a Ostia. Nella città portuale, non avevano praticamente incontrato resistenza dopo il loro ingresso di straforo, e avevano proceduto all'occupazione senza alcuno sforzo. Per Roma, forse, era un po' più complicato, ma avere a disposizione qualcuno che desse loro la possibilità di entrare era già un vantaggio insperato. Dopo il nulla di fatto di Porta Collina, Mario era stato entusiasta di apprendere che un tribuno delle truppe di Gaio Ottavio era disposto ad aprirgli le porte. Il messaggio era giunto due settimane dopo la battaglia, e aveva contribuito a risollevare il morale ai comandanti degli assedianti, ormai a corto di idee su come superare le difese allestite dal console.

Di assalti, non c'era neppure da parlarne: Ottavio aveva reso più profondo il fossato antistante le mura e riattato i settori più fatiscenti e antichi della cinta muraria, trasportandovi materiale di risulta ed erigendo barricate e muri a secco dove prima c'era solo un terrapieno sormontato da una palizzata. Aveva innalzato le torri diroccate facendovi costruire sopra delle strutture in legno, e dotato gli spalti di un gran numero di scorpioni, che non consentivano neppure di avvicinarsi alle mura. E il terreno circostante la città non permetteva la costruzione di rampe e terrapieni per fare avvicinare alla cinta muraria torri mobili o casematte semoventi. In ogni caso, gli assedianti non avevano abbastanza uomini per lanciare un attacco alle mura in tutti i settori costringendo la guarnigione a disperdere le difese.

Insomma, i generali si erano rassegnati ad attendere che la città cadesse per fame. Ma il caldo opprimente faceva temere che la carenza di approvvigionamenti e l'insorgenza di malattie potesse riguardare anche chi era accampato fuori le mura. Perciò, quando era arrivato il messaggio di quel tale, Appio Claudio, agli ordini di Mario in passato e disposto a farlo entrare, c'era mancato poco che si facesse festa. E per non lasciare nulla al caso, al luogo dell'appuntamento notturno Mario si era portato dietro un cospicuo contingente, per poter subito occupare, una volta entrato, i punti più importanti dell'Urbe: il Foro, la Curia, il Palatino e il Campidoglio, e le abitazioni dei principali esponenti delle istituzioni, per trarli subito in arresto.

La porta finalmente si aprì. «Appio Claudio?», chiese Crisso per avere conferma dell'identità del loro alleato.

«Sono io. In quanti siete venuti?», rispose il romano allungando la testa fuori dalla soglia e scrutando nell'oscurità.

«Siamo quasi tremila».

«Parecchi. Sarà un problema fare in modo che non si notino».

«Ne servono un bel po' per occupare i punti chiave. Altrimenti è inutile», replicò Crisso.

Il tribuno allargò le braccia e annuì. Il bardieo si voltò e fece cenno agli altri di entrare. Poi attese Mario, che lo raggiunse, strinse la mano ad Appio Claudio, scambiò col tribuno qualche parola e si incamminò a sua volta oltre la soglia. Una coorte di legionari si mise in avanguardia, poi seguirono i bardiei e il vecchio generale, e infine le altre unità di fanteria pesante.

Crisso non era mai stato a Roma, e si meravigliò nel vedere che gli edifici più prossimi alle mura non avevano nulla di speciale: il loro profilo si ergeva scuro oltre gli alberi, i cespugli e le erbacce addossati alla cinta muraria, e non sembravano avere nulla di magnificente o imponente. Quando poi arrivò all'altezza delle prime case – i palazzi che chiamavano *insulae* dove vivevano anche centinaia di persone – si accorse di quanto fossero malandate e sporche, addossate l'una all'altra in modo disordinato e senza un disegno organico; tra le facciate del palazzi frontistanti rimaneva solo uno spazio stretto, un vicolo maleodorante dal selciato dissestato, con carri abbandonati in mezzo alla strada, e carogne e rifiuti disseminati ovunque. Certo, c'era un assedio, e gli abitanti avevano problemi più pressanti della manutenzione dei loro quartieri, ma il degrado che lo circondava gli fece pensare che, anche in tempi normali, vivere in una grande città come quella non fosse necessariamente un privilegio.

Continuarono a camminare in silenzio, incolonnati in un lungo serpente che si snodava lungo le vie strette e tortuose della periferia dell'Urbe, apparentemente senza suscitare alcuna reazione nella popolazione dei condomini accanto ai quali passavano, dove ogni tanto si scorgeva un lume acceso, e qualcuno si affacciava alla finestra. Si sentiva solo il debole calpestio dei calzari dei soldati sul selciato e il tintinnio delle loriche che battevano contro scudi e giavellotti durante la marcia.

Poi la strada iniziò ad allargarsi fino a trasformarsi in uno spiazzo. Solo allora Crisso poté vedere sagome di edifici più maestosi, colonnati, frontoni elegantemente scolpiti dei templi, e l'aspro profilo di un monte che li sovrastava, individuato come il Campidoglio dai legionari poco dietro di lui. A quanto pareva, si stavano avvicinando al Foro, e il giovane provò una fitta di emozione nel sapere che presto si sarebbe trovato nel posto in cui venivano decisi i destini del mondo.

Un grido ruppe improvvisamente il silenzio in cui la colonna avanzava. Poi rumori di colluttazione appena davanti a lui indussero Crisso ad arretrare di qualche passo per proteggere Mario, che lo seguiva poco più dietro. Strinse gli occhi per distinguere le figure nel buio, ma nel frattempo il numero degli uomini impegnati nello scontro aumentava. Il tintinnio del metallo si trasformò subito in clangore, le lame scintillarono nell'oscurità, grida di incitamento e di dolore si sovrapposero le une alle altre. Vennero accese delle lampade alle finestre, la gente si affacciò, urla di spavento risuonarono nei palazzi.

Davanti a sé Crisso distinse una mischia tra legionari, che gli si avvicinava sempre di più. Capì che i suoi commilitoni stavano avendo la peggio e ripiegavano verso il settore della colonna occupato dai bardiei. Controllò di nuovo la posizione di Mario: era ancora appena alle sue spalle. Lo sentì incitare i legionari della retroguardia a farsi avanti per dare manforte a quelli dell'avanguardia, ma il vicolo era troppo stretto per permettere loro di aprirsi sulle ali e passare. Riuscirono a filtrare uno o due alla volta, ma ormai la linea di battaglia era a ridosso dei bardiei. Crisso fu spinto indietro da un legionario che cercava di fronteggiare i pressanti assalti di un avversario, ma poi fu ricacciato in avanti dalla pressione dei soldati cui Mario aveva ordinato di avanzare. Si ritrovò in mezzo alla mischia, e con il suo scudino rotondo dovette parare il colpo di un soldato. Il braccio vibrò provocandogli un intenso dolore, ma cercò di reagire con un fendente di rimando, che però andò a vuoto.

Si rese conto di non avere scampo contro un

soldato di fanteria pesante, e rinunciò ad altri affondi cercando di sottrarsi ai suoi assalti. Ma dietro di sé trovò una barriera che lo costrinse a rimanere sul posto. Si mosse a destra e a sinistra per non offrire un bersaglio comodo al nemico, mentre continuava a sentire le urla di Mario che incitava i legionari più indietro a farsi largo. Evitò un fendente, poi un altro, ma un altro ancora gli lacerò la tunica, provocandogli un'escoriazione alla spalla destra che produsse un acuto bruciore. Per poco non gli scappò di mano la spada; la strinse più forte e con un ruggito iniziò a volteggiare la lama davanti a sé, se non altro per tenere lontano l'antagonista diretto. Ma poi quello avanzò col suo scudo ampio e massiccio, lo spinse indietro e lo sbilanciò. Crisso finì addosso a quelli dietro di lui, poi cadde a terra, e si sentì prendere a calci da entrambi gli schieramenti.

La lama del gladio che lo aveva tormentato fino ad allora guizzò ancora una volta davanti ai suoi occhi. Colpì il selciato a una spanna dal suo naso, con un rumore acuto che gli risuonò nelle orecchie. Tentò il tutto per tutto e, continuando a tenere la propria spada con la destra, utilizzò entrambe le mani per afferrare la lama nemica. Il soldato non se lo aspettava e la presa del giovane schiavo lo bloccò. Il legionario cercò di tirare, ma Crisso era più robusto e più forte di lui e tenne immobile il gladio. Sentì il metallo tagliente incidergli il palmo della mano sinistra, mentre la destra era protetta dall'impugnatura della sua spada; ma finché si fosse dimostrato più forte, l'antagonista non sarebbe stato in grado di incidergli la carne sfilandogli via la lama. Intanto, però, subiva altri calci, e un calzare chiodato gli finì sullo stomaco, facendogli lanciare un urlo soffocato.

Non poteva resistere oltre e decise di rischiare. Calcolò mentalmente distanza e tempi, poi mollò la presa della lama con la mano della spada e colpì. Come aveva previsto, il soldato non riuscì a reagire, e si ritrovò con la punta della lama di Crisso nell'inguine prima di poter sollevare il suo gladio. Lo schiavo lo spinse via facendo leva sulla propria arma, poi si alzò e si accorse di essere ormai alle spalle della prima linea di nemici.

Per sua fortuna, ormai erano talmente stretti l'uno contro l'altro che, se anche avessero distinto la sua presenza tra loro, non avrebbero potuto colpirlo. I soli spazi liberi erano oltre la prima fila, dove si incontravano con la linea dei soldati di Mario. Crisso spinse un soldato contro la lama di un legionario mariano, trapassandolo con facilità. Si trovò pertanto uno spazio davanti a sé e avanzò, ma il legionario cui aveva fatto un favore fu pronto a brandire il gladio anche contro di lui.

«No!», gli urlò, indicandogli la propria tunica e lo scudino, e quello fermò il colpo a mezz'aria. Il legionario gli sorrise, si scostò e gli fece cenno di rientrare tra i ranghi. Crisso si voltò per scongiurare colpi alla schiena, giusto in tempo per parare un affondo, poi si insinuò tra due legionari amici, rifiatò, si guardò il palmo sanguinante e si mise a cercare Mario nella calca. Con lo sguardo tentò di individuare il settore dei bardiei, ma ormai le unità si erano mischiate, e le guardie del corpo del comandante combattevano fianco a fianco con i legionari, disputando ai soldati avversari gli stretti spazi a disposizione.

Nel complesso, tuttavia, la colonna di Mario ripiegava verso l'uscita. Sembrava comunque in superiorità numerica e una rotta era improbabile. Poi Crisso vide il vecchio generale, o almeno pensò di averne scorto l'elmo crestato in mezzo a un cerchio di bardiei che lo difendeva da alcuni legionari penetrati lungo i fianchi della colonna. Cercò di farsi largo per raggiungerli, e dovette spintonare i suoi stessi commilitoni per guadagnare terreno, finché non arrivò a portata di lama degli schiavi dell'anello più esterno. Anche se i legionari erano in inferiorità numerica, i bardiei erano comunque in difficoltà per via del loro armamento più leggero.

Un gladio si protese davanti a Crisso e la punta penetrò con irrisoria facilità il petto di un bardieo. Lo schiavo crollò a terra e si aprì un varco di fronte a Mario. Il legionario si accorse di essere vicino al bersaglio grosso e avanzò di un passo. D'improvviso, qualcosa piovve dall'alto e cadde proprio tra il soldato e Mario. Crisso spostò lo sguardo a terra: era una grossa pentola. Avrebbe voluto guardare in alto, ma approfittò dello sconcerto del legionario per colpirlo all'ascella, dove non era protetto dalla lorica. Quello si avvitò su se stesso e poi cadde sul selciato, e subito dopo un altro proietto colpì un bardieo accanto a Mario. Crisso strappò lo scudo dal braccio del legionario che aveva appena ucciso, buttò via il suo e se lo pose sulla testa, avvicinandosi al comandante e iniziando a ripiegare con lui tenendolo avvinghiato a sé.

Immediatamente dopo, un nuovo oggetto colpì lo scudo. Altri tutt'intorno bersagliarono i bardiei.

«Andatevene via!», si sentiva urlare dalle finestre. «Crepate, maledetti ribelli! Stiamo soffrendo la fame per colpa vostra!».

«Bella prontezza di spirito!», gridò Mario a Crisso. «Ho fatto proprio bene a salvarti la pelle, l'altra volta! Ora forza, andiamo via! Era una trappola!».

Col trascorrere del tempo, la pressione dei legionari nemici si allentò, e la minaccia maggiore per i mariani divennero gli oggetti gettati dalle finestre: stoviglie, pentole, utensili di vario genere, qualcuno dei quali in grado di tramortire o perfino uccidere i bardiei, che non avevano altro con cui ripararsi se non lo scudino rotondo. Qualche oggetto era tanto pesante da riuscire ad atterrare anche i legionari disposti a testuggine con i grossi scudi sopra la testa. Ma la previdenza di Crisso risultò decisiva: altri proietti colpirono il suo scudo facendolo ondeggiare sopra l'elmo di Mario, ma lui e il condottiero riuscirono a guadagnare l'uscita incolumi. Piano piano defluirono anche gli altri legionari, gli ultimi dei quali si immolarono per frenare l'inseguimento degli avversari. Tuttavia i soldati della guarnigione si bloccarono sulla soglia della porta, senza osare spingersi oltre: negli stretti vicoli di Roma, gli avversari erano stati obbligati a combattere in pochi alla volta, e la loro inferiorità numerica non li aveva troppo penalizzati; ma in campo aperto sarebbero dovuti inevitabilmente soccombere alla maggiore quantità di effettivi che si era portato dietro Mario.

Crisso tirò un sospiro di sollievo. Se l'erano vista brutta, ma se l'erano cavata.

Tuttavia, avevano subìto un altro scacco.

Ottavio irruppe in casa poco prima dell'alba. Il console aveva la corazza sporca di sangue e la tunica lacera. Il viso era impolverato e i capelli scarmigliati. Senza guardare la moglie e Giunilla, che erano rimaste ad attenderlo nel triclinio per tutta la notte, si sedette su uno dei divanetti e si mise la testa tra le mani, sospirando incessantemente.

La padrona si alzò e cercò di abbracciarlo. «Sei ferito, marito mio?», gli chiese.

Lui la scansò con il braccio. «Ma no, ma no...».

La *domina* tornò a sedere sul proprio divanetto, attese qualche altro istante che il marito raccontasse e poi osò parlare di nuovo: «Non vedo legionari di Mario qui in casa. Quindi siete riusciti a respingerli, mi pare. E non sei contento?»

«Contento?». Ottavio sollevò il capo e la guardò con occhi dilatati, cosa che fece dubitare a Giunilla della sua sanità mentale. «Dovrei essere contento per non essere riuscito a catturare Mario dopo la trappola che gli avevamo preparato?»

«Una trappola?», chiese la *domina*. Ottavio non aveva rivelato in famiglia la strategia della giornata. Era uscito non appena si era fatto buio dicendo alla moglie che ci sarebbe stato un attacco nemico, quella notte.

«Sì sì, una trappola… Abbiamo scovato un tribuno che aveva servito agli ordini di Mario e lo abbiamo indotto a mandare un messaggio al suo ex generale. Gli dava appuntamento davanti a una posterula vicino alla Via Aurelia per farlo entrare con l'esercito… Poi ci siamo appostati al foro per sorprenderlo».

«E Mario non è entrato?»

«Sì che è entrato. Ma aveva un mucchio di uomini con sé; almeno cinque coorti… Non lo avevo previsto, avevo disposto a sbarramento solo una coorte: l'abbiamo respinto però non siamo riusciti a bloccarne la fuga».

La moglie annuì gravemente. «Non potevi prevederlo».

«È quello che dico anch'io. Purtroppo però Pompeo Strabone la pensa in un altro modo. E così anche Catulo, Merula e gli altri del Senato. Continua a ripetere che me l'aveva detto di destinare molte più truppe all'imboscata. Ma come potevo sapere che non era un tranello? Se avesse avuto intenzione di tenerci impegnati in quel settore per scatenare un attacco altrove, con cosa avrei difeso gli spalti?»

«Già… facile parlare quando non si ha la responsabilità del comando supremo…», lo consolò la *domina*. «Sei tu il console, che piaccia o meno a Strabone…».

«Mah… durante lo scontro, i soldati gli chiedevano sempre conferma dei miei ordini. Si direbbe che preferissero essere comandati da lui. E comunque il mio comando è molto contestato anche in Senato. Diventa sempre più difficile gestire le truppe e lo scontento dei nostri pari…».

«Sono certa che ce la farai, marito mio». La signora si alzò e lo abbracciò di nuovo. Stavolta Ottavio non la scansò. Giunilla capì di essere di troppo e si alzò a sua volta, allontanandosi a piccoli passi dalla stanza. Raggiunse il suo cubicolo augurandosi di poter dormire un po', prima che la *domina* la richiamasse, e chiedendosi se Ottavio fosse davvero un comandante tanto scarso come ormai si diceva sempre più spesso in giro, o se fosse solo sfortunato.

Si addormentò senza aver trovato una risposta.

VI

Il medico si rialzò dalla branda dove giaceva il legionario e scosse la testa. «Ormai non c'è più niente da fare neppure per questo qui», disse a Mario, entrato nell'infermeria da campo a far visita ai soldati feriti.

Ma soprattutto a quelli malati.

Crisso era molto impressionato dalle condizioni dei ricoverati. Il fetore di diarrea e di vomito era insostenibile nel tendone allestito per l'occasione. Sebbene il giovane avesse già visto, nei giorni precedenti, qualche soldato trascinarsi per il campo con evidenti sintomi dell'epidemia, la visione di tante vittime di quella febbre feroce, che aveva assalito l'esercito da quando il caldo dell'estate aveva raggiunto il picco, lo aveva avvilito e demotivato. E guardando le espressioni degli altri comandanti venuti in visita insieme a Mario, capiva che anche per loro era uno spettacolo desolante: Cinna, Sertorio, Carbone e Milonio sembravano disorientati, scorati, e avevano perso il piglio deciso con cui, a dispetto della sorprendente volontà di resistenza dei consoli e del Senato, avevano affrontato fino ad allora le operazioni d'assedio.

Non li aveva visti vacillare dopo il nulla di fatto seguito alla battaglia davanti a Porta Collina. Né dopo l'infruttuoso tentativo di entrare dal Gianicolo. Né quando il caldo era diventato torrido, le acque del Tevere e dell'Aniene si erano abbassate per la siccità, i rifornimenti avevano iniziato a pervenire con difficoltà e le zanzare aveva preso a tormentare i soldati. Ma quell'epidemia improvvisa aveva incrinato la loro fiducia. I soldati stavano morendo come mosche, e di quel passo non ne sarebbero rimasti a sufficienza per incutere timore agli assediati.

Solo Mario sembrava conservare la stessa determinazione che lo aveva spinto a imbarcarsi in quell'impresa a settant'anni. Il suo sguardo era sempre severo, quasi feroce, la sua espressione perennemente corrucciata, e anzi pareva diventare ogni giorno più impaziente per l'inazione cui l'esercito assediante era costretto. Si era aspettato che Ottavio e il Senato cedessero già all'inizio dell'estate, e invece ciò non era avvenuto; aveva sperato che i Romani esaurissero le risorse, e invece Ottavio aveva sottoposto la popolazione a un ferreo regime di razionamento che le aveva consentito di andare avanti; si era augurato di prendere la città per tradimento, grazie ai numerosi fautori su cui poteva contare all'interno delle mura, ma il colpo di mano non era riuscito. Eppure, non appariva meno deciso a coronare l'avventura che lo avrebbe portato al settimo consolato.

Crisso ebbe subito conferma che il suo comandante non aveva alcuna intenzione di darsi per vinto. Mario afferrò per la tunica il medico e gli alitò in faccia: «Ma si può sapere cos'hanno? Perché non riesci a guarirli, stupido inetto?».

Nonostante fosse vecchio e curvo, sapeva ancora incutere terrore, quando voleva. E il dottore apparve annichilito dal suo sfogo. «Nessuno può fare niente, generale...», si giustificò allargando le braccia. «Li possiamo trattare come se avessero la febbre, ma non è solo questo, puoi vederlo da te», aggiunse, indicando un altro dei poveri disgraziati che si lamentava in una pozza di sudore, urina e diarrea, con un labbro deformato da ferite e croste e il respiro affannoso e boccheggiante, fatto di rantoli e parole senza senso, in un delirio costante e sconnesso.

Mario lo lasciò andare spingendolo via con forza. Il medico finì addosso alla branda di un altro malato, rovinando sul corpo malandato del soldato e provocando le sue urla di dolore. Cinna, visibilmente imbarazzato, fece cenno agli altri comandanti di seguirlo fuori dall'infermeria.

Una volta che tutti ebbero raggiunto un ambiente meno malsano, Sertorio disse: «Dovremmo lasciar perdere. Non ce la faremo mai a indurli alla resa».

Carbone annuì. «Sono d'accordo. Questa epidemia ha tolto di mezzo Pompeo Strabone, ma in compenso hanno acquistato Cecilio Metello, che è di gran lunga migliore. Potrebbe essere un osso ancor più duro di Ottavio». Crisso era venuto a sapere dei due eventi quasi in contemporanea, un paio di giorni prima. Il proconsole era stato tra le prime vittime dell'epidemia che stava seminando morte anche a Roma, e proprio allora era giunto nell'Urbe uno dei più celebrati generali dell'epoca: il figlio di quel Quinto Metello Macedonico di cui lo stesso Mario era stato cliente in un lontano passato, salvo poi tradirlo soffiandogli il comando della guerra contro Giugurta ed esiliarlo.

«In effetti, forse dovremmo soprassedere, per il momento, e procurarci altri alleati tra gli Italici», ammise Cinna. E se perfino lui aveva dei dubbi, si disse Crisso, significava che l'impresa non era più praticabile, ormai. L'ex console era quello che aveva più da rimetterci, rinunciando all'assedio: stava trascorrendo il suo anno di magistratura accampato davanti alle mura della città che avrebbe dovuto governare, e presto non avrebbe avuto più neppure il diritto di reclamare la restituzione del ruolo che il Senato gli aveva tolto.

Tutti guardarono Mario. Era l'unico a non avere ancora parlato. Anche Crisso lo fissò, scrutando quel volto rugoso e inquietante, arcigno e duro, che non ispirava alcuna simpatia, ma che lui si costringeva ad ammirare per la gratitudine nei suoi confronti: il vecchio generale l'aveva reso un uomo libero e gli aveva salvato la vita.

Il condottiero non guardò nessuno dei presenti alla riunione. Continuava a tenere gli occhi fissi in direzione delle mura di Roma, come se null'altro esistesse.

«Allora, a quanto pare siamo d'accordo. È meglio rinunciare, per il momento», ribadì Cinna, cercando di scuotere Mario dalla sua apatia.

Finalmente il vecchio generale sembrò accorgersi di essere stato coinvolto nella discussione. «Rinunciare? E io sarei venuto dall'Africa per fermarmi davanti alle mura di Roma?»

«Non pare ci sia modo di entrare…», obiettò Sertorio.

«Dobbiamo solo aspettare».

«Aspettare che crepino tutti i nostri soldati?», intervenne Carbone.

«Creperanno anche i loro, statene certi», insisté Mario. «Anzi, ne creperanno anche di più, perché sono pure malnutriti: non possono approvvigionarsi, loro, noi sì, e l'epidemia si diffonderà maggiormente entro le mura. Vedrete che presto il popolo costringerà il Senato a venire a patti».

«È una scommessa enorme, questa. Se anche avessi ragione, potrebbe costarci troppo, e costare troppo alla città. Non voglio tornare a essere console nell'odio generale», dichiarò Cinna.

«Ma che razza di uomo sei?», lo incalzò Mario, in un improvviso accesso di rabbia. «Ti tolgono il consolato e reagisci piagnucolando, arrendendoti alle prime difficoltà? Hai la metà dei miei anni e sembri un povero vecchio! Io sono pronto a combattere fino in fondo per recuperare quello che mi hanno tolto e ciò di cui ho diritto! Avrò il consolato e il comando della guerra mitridatica a tutti i costi, e Silla si pentirà di non aver atteso il suo turno!».

Cinna fremette visibilmente di sdegno. Per un istante, Crisso temette che volesse saltare al collo di Mario, e fu pronto a scattare per frapporsi tra i due. Tutti tacquero, in attesa di vedere cosa sarebbe accaduto. Mario piantò i suoi feroci occhi in quelli di Cinna, che rimase indeciso per qualche momento, prima di rilassare i muscoli e l'espressione in un tentativo di mostrarsi superiore alle provocazioni del vecchio condottiero. «Non è sbraitando che risolverai la situazione, Mario. Dentro le mura si stanno mostrando più capaci di noi, e se continuiamo a stare qui, prima o poi Silla tornerà dall'Oriente e si mostrerà di sicuro più efficiente di Pompeo Strabone. Possiamo attendere ancora, ma non all'infinito solo per assecondare il tuo istinto di vendetta e la tua fantomatica profezia dei sette consolati. Staremo qui altri venti giorni, non uno di più», rispose infine, in un tono glaciale che Crisso non poté fare a meno di ammirare.

Stavolta fu Mario a irrigidirsi e a fremere, cercando di frenare la propria ira. Il vecchio fissò Cinna e poi anche gli altri, nessuno dei quali sembrava propenso a venirgli incontro. Il suo sguardo si incendiò, ma attese a lungo prima di aprire di nuovo bocca.

«E sia, dunque. Venti giorni, non uno di meno. Dovessero crepare tutti i nostri soldati, nel frattempo, non voglio vedervi levare le tende prima di quel termine», dichiarò infine, prima di voltarsi e andarsene senza neppure attendere la risposta di Cinna.

A Crisso non rimase che seguirlo insieme agli altri tre bardiei dai quali il vecchio non si separava mai, neppure nelle riunioni del consiglio di guerra. Prima di muoversi, lanciò un'ultima occhiata agli altri comandanti, cercando di capire se, con il loro silenzio, avessero acconsentito per la paura che Mario era ancora in grado di incutere con le sue sfuriate, o perché lo ritenevano un pazzo che era meglio non contraddire... Ma non fu in grado di farsi un'idea.

Però, si disse, se fosse stato lui l'oggetto di quello sguardo di fuoco, avrebbe pensato di avere di fronte un folle.

«Ot... Ottavio... Amici e nemici... Perché a Roma... Non so dove... Silla di qua e di là... la Grecia è vicina... Arriverà... Voglio andare a casa... dove sono i miei genitori, dove sono... Ottavio dov'è... il mio posto... il mio posto... è accanto a lui...».

Giunilla scrutò la padrona, sconsolata. Avrebbe voluto tapparsi le orecchie e non ascoltare il folle delirio di cui la signora era preda sempre più spesso negli ultimi giorni, da quando quella maledetta febbre non se n'era più andata. Ma doveva accudirla, detergerle la fronte con impacchi di acqua fresca e somministrarle l'intruglio a base di erbe che le aveva preparato il medico.

Si sentiva stanca. La vegliava giorno e notte da oltre una settimana, e solo per vederla peggiorare a ogni ora. Dapprima gli attacchi erano stati episodici, poi sempre più frequenti, e infine lo stato febbrile era diventato costante, facendola vaneggiare nei momenti in cui raggiungeva le temperature più alte. E ormai non reggeva più nulla di quello che lei la spingeva a mangiare o a bere: puliva in continuazione il suo corpo sempre più minuto e deperito, cambiava indumenti, lenzuola e materasso anche più volte nell'arco della giornata, perché non giacesse nei suoi escrementi e perché il marito la trovasse pulita e profumata ogni volta che tornava a farle visita.

Il suo respiro affannoso le risuonava nelle orecchie, e se lo sentiva accanto anche in quei rari momenti in cui si faceva dare il cambio da un'altra schiava per riposarsi un po' nel proprio cubicolo. Il suo breve sonno era agitato dalle immagini di quei suoi occhi spenti, di quel corpo un tempo florido e ora macilento, quasi irriconoscibile, di quella bocca improvvisamente avvizzita da cui fuoriuscivano conati violenti, che talvolta investivano anche lei.

Piangeva, Giunilla, quando nessuno la vedeva, per poi darsi forza in presenza della *domina*, cercando di rassicurarla quando la donna era cosciente, e di farsi vedere forte dagli altri schiavi e soprattutto dal console che, altrimenti, l'avrebbe destinata ad altro incarico privandola della possibilità di starle accanto negli ultimi giorni di vita. Cercava di trarre esempio da lui, così forte da non mostrarsi disperato per le condizioni della moglie, per quella terribile pestilenza che aveva ghermito anche la sua casa, oltre a tante altre in città, e concentrarsi sulle responsabilità crescenti legate al suo ruolo, sempre più messo in discussione.

La malattia della *domina*, infatti, era coincisa con la morte di Pompeo Strabone e l'arrivo di Cecilio Metello, accolto con un'ovazione dai soldati della guarnigione. I legionari vedevano nel generale un comandante più esperto di Ottavio, e una delegazione di centurioni si era presentata al console e al Senato, nel corso di una seduta, chiedendo espressamente che il comando supremo fosse assegnato allo stesso Metello. Un'onta micidiale per il console, un'ulteriore umiliazione che si aggiungeva alle contestazioni di cui era stato oggetto nelle settimane precedenti. Ciononostante, Ottavio si era dichiarato disponibile a farsi da parte, «per il bene della Repubblica», aveva detto, recuperando, se non altro, un po' di consenso. E proprio in quel momento si discutevano nel Foro le modalità del passaggio di consegne. Per la prima volta, forse, nella storia di Roma, un console avrebbe ceduto il comando a un proconsole. Era l'argomento all'ordine del giorno, a quanto gli altri schiavi avevano detto a Giunilla; a parte, naturalmente, il triste calcolo dei morti che si portava via ogni giorno la pestilenza.

La ragazza sentiva che per la padrona era questione di ore. Presto se ne sarebbe andata, come capitava a tutti quelli di cui aveva sentito parlare in quei giorni ferali. E le dispiaceva immensamente che Ottavio, marito devoto e affettuoso, non potesse starle accanto negli ultimi momenti. Anzi, per la prima volta, sentiva di nutrire una certa ostilità nei confronti del padrone, poiché nulla poteva essere tanto importante come stare vicino, negli istanti finali di vita, alla donna con cui aveva condiviso la gran parte dell'esistenza.

D'improvviso, la padrona sussultò. La sua schiena si arcuò, gli occhi si spalancarono in modo innaturale, il sudore aumentò copiosamente, e la donna emise un lungo rantolo; poi un gorgoglio attestò che aveva avuto l'ennesimo conato di vomito, ma stavolta niente era uscito dalla sua bocca. La convulsione le aveva lasciato la testa all'indietro, ricacciandole in gola ciò che era destinato a uscire. Giunilla cacciò un urlo, l'afferrò per le spalle ossute e cercò di metterla a sedere, poi le diede dei colpi sulla schiena per farla rigettare. Ma la donna non respirava più. La schiava si fece prendere dalla disperazione e batté sempre più forte, urlò sempre più forte, finché uno schiavo accorso nel cubicolo non la staccò da quello che, ormai, era il cadavere della padrona.

La ragazza si accasciò sulla sedia piangendo a dirotto, e le parve vagamente di capire che lo schiavo stava dando disposizioni perché qualcuno andasse a chiamare il medico e il padrone. Non osò sollevare gli occhi per non vedere l'immagine della *domina* accasciata sul letto senza vita, e rimase con la testa tra le mani finché non udì il passo deciso di Ottavio irrompere nel cubicolo. Solo allora sollevò il capo e osservò il padrone precipitarsi sul letto, inginocchiarsi e afferrare le bianche mani della moglie, su cui affioravano ormai tutte le vene.

E Giunilla lo vide piangere, per la prima volta.

Poi il console iniziò a parlare, come se lei non ci fosse: «Meglio così, mia adorata. Meglio che tu sia morta, senza assistere alla suprema umiliazione di tuo marito. Se tu fossi stata al Foro, avresti visto ciò cui hanno assistito tutti: io che passavo il comando delle truppe a Cecilio Metello, e Cecilio Metello che rifiutava, asserendo che ero stato costretto da semplici soldati e che mai avrebbe avallato una sedizione del genere, né avrebbe mai osato usurpare le prerogative consolari in presenza del console stesso. Io… io credo che l'abbia fatto solo perché era certo che siamo destinati alla sconfitta, e non ha voluto macchiare la sua carriera di comandante vittorioso. Comunque, i senatori hanno apprezzato la sua fedeltà alle leggi della Repubblica e l'hanno applaudito. E sai cosa hanno fatto i soldati?».

In quel momento, entrò il medico, che si diresse verso il capezzale della donna, iniziando a esaminarla, mentre uno schiavo cercava con delicatezza di far spostare il marito.

«Se ne sono andati», concluse Ottavio, apparentemente ancora inconsapevole della presenza del dottore. «Proprio così. Piuttosto che farsi comandare ancora da me, si sono fatti aprire la Porta Capena e si sono incamminati lungo la Via Appia per unirsi ai ribelli. E nessuno dei loro commilitoni rimasti ha osato fermarli!».

Il pianto di Ottavio divenne dirotto, mentre il medico completava il suo esame. Quando ebbe finito, rimase rispettosamente vicino al letto in attesa che il console recuperasse lucidità. Ottavio impiegò del tempo per rendersi conto di non essere solo. Notò Giunilla e le pose paternalisticamente una mano sulla spalla per confortarla, poi mise a fuoco il dottore.

«Lo so, lo so: risparmiati di dirmi che contro questa febbre non si poteva fare nulla. È una frase che ho sentito fino alla nausea, questi giorni, andando a trovare i malati».

Il medico si schiarì la voce, imbarazzato: «Console, mi dispiace dirti che tua moglie è morta soffocata dal suo stesso vomito, e non di febbre. Non posso confermarti che sarebbe morta comunque…».

Ottavio volse di scatto lo sguardo verso Giunilla.

Ed era uno sguardo carico d'odio.

VII

La delegazione del Senato, composta da dieci ambasciatori disorientati e impauriti, si sedette sugli scranni preparati per loro davanti al padiglione di Cinna, dove l'ex console aveva fatto anche sistemare una sedia curule su un podio, per poter guardare dall'alto in basso i messi venuti a trattare il suo ingresso in città. Crisso scortò Mario fino alla tribunetta, mentre Sertorio, Carbone e Milonio si sistemavano nei pressi. Cinna, assiso sul suo trono, fece un cenno di saluto ai delegati, Mario invece non li degnò di uno sguardo; il vecchio condottiero si fermò accanto al podio e poi, dopo qualche istante, vi salì sopra, sistemandosi in piedi accanto a Cinna.

L'ex console lo guardò sconcertato, ma non disse nulla. Poi fece cenno a una delle sue guardie del corpo perché portasse una sedia anche per lui. Finalmente, quando entrambi furono seduti, Cinna autorizzò i messi a parlare.

«*Console* Cinna, ti rechiamo i saluti del Senato, che si dispiace per le traversie di cui sei stato vittima e ti chiede di rientrare a Roma per ristabilire la legalità», dichiarò uno dei delegati.

Cinna assunse un'espressione compiaciuta e sorpresa. Non sfuggì a Crisso come l'avevano chiamato. «Sono di nuovo console, dunque?», chiese con fare innocente.

«Certamente, signore. Valerio Merula, che si è sobbarcato il compito di sostituirti durante... ehm... la tua assenza, ha rassegnato le dimissioni. La carica è nuovamente tua a tutti gli effetti».

«Ah sì? Ne sono davvero compiaciuto», dichiarò Cinna affabilmente, senza mostrare ironia. «E cosa ne pensa il console anziano Ottavio di questo mio "reinsediamento"? Ho sentito dire che era il più determinato a resistere...».

Il delegato che si era assunto il gravoso onere di parlare parve assai imbarazzato. «Ehm... in effetti il console anziano Gaio Ottavio non è d'accordo e ritiene la procedura illegale. È molto ligio alle leggi della Repubblica...».

«Ma la legge non è stata molto rispettata quando sono stato costretto ad andarmene e destituito...».

«Be', erano circostanze molto difficili, estreme direi. E comunque, il Senato si è reso conto di aver abusato delle sue prerogative e ora è disposto a correre ai ripari».

«Però, consentimi di dire che se sono andato via era proprio a causa dei contrasti con il console Gaio Ottavio», insisté Cinna. «E non ho elementi per supporre che le cose possano andare diversamente, adesso che saremo di nuovo entrambi in città... Peraltro, saprete che tornerò a proporre la legge per la distribuzione dei nuovi cittadini nelle tribù, un provvedimento che sta molto a cuore anche al qui presente Gaio Mario».

«Ne abbiamo parlato, sì... e ci rendiamo conto di non poterci opporre alla volontà del popolo. Roma ha combattuto una lunga e dura guerra contro i popoli italici e alla fine ha concesso loro la cittadinanza. Se la legge sarà approvata, vorrà dire che la gran parte dei Romani la voleva. Per quanto riguarda il console Ottavio...».

«Per quanto riguarda Ottavio?». Cinna si protese dalla sedia stringendo gli occhi.

«Be', come ti ho detto, il console anziano è in minoranza. E poiché siamo in democrazia, o si adegua alla volontà della maggioranza, se la legge passerà, o stavolta sarà lui ad andarsene. Il Senato non tollererà altri tumulti per le strade. Ne abbiamo avuti abbastanza ed è ora di ristabilire l'ordine a Roma».

Cinna non pareva convinto. «Perdonami, senatore... ma mi par di capire che Ottavio non è tipo da adeguarsi. Se andrà via, potrebbe fare come ho fatto io e tornare con un esercito. Anzi, potrebbe tornare con Silla, e allora Roma patirebbe molte altre sofferenze. Non credo sia la soluzione più adeguata. Quindi...».

«Quindi?».

Crisso capì che nessuno dei due voleva dire quello che c'era da dire. Perfino lui, che non capiva nulla di politica, comprendeva che il console anziano era di troppo, ormai. Anzi, era l'unico ostacolo al ritorno della normalità nell'Urbe. O meglio, era uno dei due ostacoli. Di tanto in tanto il giovane osservava Mario, che si limitava a starsene seduto in silenzio, senza mai fissare il suo sguardo truce su nessuno in particolare, con un'espressione per nulla rassicurante impressa sul volto. Capì che il vecchio condottiero avrebbe messo a dura prova qualsiasi accordo. Si stupì che non partecipasse alla discussione e che gli altri non cercassero di coinvolgerlo. C'era sempre la questione del settimo consolato.

Seguì qualche istante di silenzio. Un silenzio carico di tensione. Toccava a Cinna rispondere, ma il console reinsediato preferì rivolgersi proprio al vecchio generale: «Tu cosa ne pensi, Gaio Mario? Hai rivestito ben sei consolati, e saresti la persona adatta per ricoprire di nuovo la carica col nuovo anno. La tua esperienza gioverebbe in questi frangenti tanto difficili. Come si può ovviare alla molesta presenza di Gaio Ottavio, la cui ben nota intransigenza ha fatto tanto male a questa splendida e nobile città?».

Mario continuò a tacere per un bel pezzo, ma nessuno osò parlare prima che lo facesse lui.

«Gaio Ottavio è l'espressione più gretta del conservatorismo», disse infine. «È responsabile di quello che hanno patito i Romani negli ultimi mesi quasi quanto Silla, e si oppone all'inevitabile progresso che l'inserimento dei nuovi cittadini rappresenta nella politica capitolina. Fosse stato per lui, saremmo ancora in guerra con i Sanniti e con tutti gli altri popoli federati. Quindi ritengo che debba finire in prigione e subire un processo».

Crisso notò l'espressione sollevata di Cinna e dei delegati. Probabilmente avevano temuto dichiarazioni più feroci, e comunque non erano stati loro a pronunciare quelle parole contro un console.

«E sia, dunque. Il Senato esaminerà la questione e voterà al riguardo», dichiarò il delegato.

«Ma deve esaminarla *saggiamente*», precisò Cinna.

«Certo, certo. I senatori voteranno con saggezza, quando si tratterà di prendere una decisione».

«Quindi siamo d'accordo. Devo ritenere che io possa entrare in città senza timore per la mia persona e riprendere in pieno le mie funzioni?», lo incalzò Cinna.

«Ehm... sì, in linea di massima sì».

«Cosa significa "in linea di massima"?»

«Ecco...», il delegato era più imbarazzato che mai. «Il Senato ritiene di dover affrontare con voi il tema dell'ordine pubblico. Ciò che è accaduto a Ostia e in altri centri che avete occupato desta una certa preoccupazione. Non vorremmo... che l'entrata delle vostre guardie del corpo in città fosse accompagnata da violenze ed efferatezze come quelle di cui abbiamo avuto notizia in questi mesi. La popolazione dell'Urbe ha già tanto sofferto in questo periodo, a causa delle battaglie, delle privazioni legate all'assedio, del razionamento del cibo e della pestilenza che ci ha afflitto tutti. Non c'è bisogno di infierire ulteriormente... E Roma non può essere trattata come un città saccheggiata per diritto di conquista. Anche perché ti apriamo le porte spontaneamente».

Cinna annuì. «Sono d'accordo, senatore. Anche io sono interessato a ripristinare legalità e ordine. Quel che è successo in questi mesi era dovuto a circostanze eccezionali e alle esigenze di guerra. Ma ora non siamo più in guerra; i legionari sanno che devono controllarsi, e i loro comandanti sono consapevoli di dover imporre la disciplina». Subito dopo guardò Mario e i delegati fecero lo stesso.

Il vecchio non proferì parola. Non fece alcun cenno col capo. La sua espressione rimase tetra, dura, e negli occhi ardeva ancora quella fiamma che non si era mai spenta da quando Crisso l'aveva incontrato. La fiamma della vendetta, forse, sebbene il suo silenzio potesse anche lasciar intendere che concordava con le dichiarazioni dei delegati e di Cinna.

«Bene! Allora siamo tutti d'accordo!», dichiarò Cinna, liquidando la questione e mostrando di volersi accommiatare dai messi.

«E vorremmo anche delle rassicurazioni, console», aggiunse il delegato, «sull'incolumità dei rappresentanti delle istituzioni e sulle personalità di spicco della Repubblica».

«Che vuoi dire?»

«Be', in questo periodo di guerra civile, gli animi si sono accalorati e molto spesso i generali si sono lasciati prendere la mano dal loro istinto di rivalsa, perseguendo vendette private che hanno solo esasperato la situazione e compromesso, di volta in volta, la riappacificazione delle parti. Spero vivamente che chiunque avrà delle responsabilità di governo si asterrà da eccessi e si adopererà anzi per una pacificazione generale. Vorrei quindi poter dire ai nostri cittadini più insigni che non avranno nulla da temere dal vostro ingresso in città».

«Te l'ho detto, senatore. Ora che tutti mi riconoscono come console, sarò il console di tutti», specificò Cinna, un po' spazientito. «Ho intenzione di lasciarmi dietro i torti che ho subito, e tranne che nel caso di Ottavio, per quanto mi riguarda mi asterrò da comportamenti non confacenti all'equilibrio che si richiede alla mia carica. Certo, se qualcuno sarà pervicace nel perseguire atteggiamenti ostili verso le istituzioni di cui sono rappresentante, oppure si dimostrerà un accesso sostenitore delle posizioni intransigenti di Ottavio, sarà necessario metterlo in condizione di non nuocere e sottoporlo al giudizio dei senatori. Ma non sarò certo io a fomentare ulteriori contrasti».

Di nuovo, tutti si rivolsero a Mario, e di nuovo il vecchio non mosse un muscolo né disse una parola. Crisso ebbe l'impressione che lo facesse per dissociarsi da quegli accordi, ma tutti preferirono considerarlo un tacito assenso, e si accommiatarono soddisfatti e apparentemente rilassati.

Il giovane aveva l'impressione che gli altri stessero sottovalutando il problema rappresentato da Mario. O che, perlomeno, facessero finta di ignorarlo. Quell'uomo aveva in mente qualcosa, ed era impossibile che non lo avessero notato.

Ma soprattutto, aveva la sgradevole sensazione di dover essere lui stesso uno degli strumenti delle intenzioni del vecchio condottiero.

Giunilla non avrebbe mai creduto che potesse finire così. Non dopo una vita ancora giovane e da vivere, certo, ma trascorsa tutta all'insegna dell'ammirazione per Ottavio e alla dedizione per la moglie. Morire per mano dello suo stesso padrone, l'uomo che aveva tanto stimato al punto da chiedersi, talvolta, se non ne fosse innamorata, era la beffa più atroce che gli dèi potessero riservarle.

Ottavio le aveva fatto un processo sommario in casa e, sebbene la legge proteggesse perfino gli schiavi dagli eccessi dei loro padroni, ne aveva decretato la morte appena il medico aveva spiegato perché la *domina* era spirata. Secondo Ottavio, Giunilla non aveva saputo prendersi cura della signora e non era intervenuta in tempo per evitare che si strozzasse, quindi era venuta meno al proprio dovere. Questo era il verdetto che aveva emesso al termine di una paradossale udienza domestica, con la giuria composta dagli altri schiavi, pronti ad assecondare il presidente dell'immaginario tribunale, per non incorrere nella stessa sorte della condannata. Le era stato dato perfino il permesso di parlare: Ottavio era sempre stato un legalista convinto e aveva voluto replicare in tutto e per tutto un procedimento giudiziario. Ma cosa avrebbe potuto dire Giunilla? Era vero: non era stata sufficientemente pronta a reagire, ma dubitava che qualcun altro lo sarebbe stato. La sua sfortuna era stata di trovarsi lì quand'era successo, e di pagare per quella morte accidentale che, per lei, era già una punizione terribile, visto quanto affetto nutriva per la padrona.

Ma forse Ottavio non l'aveva neppure ascoltata, e aveva emesso la sentenza non appena lei aveva finito di parlare. Era sempre stato di un'intransigenza che rasentava l'ottusità, e forse le era piaciuto anche per questo. Ma ora, sulla sua pelle, capiva quanto orribile fosse quella sua natura rigida, e perché fosse tanto malvisto a Roma. Un uomo integerrimo è da ammirare, soprattutto in tempi in cui molti personaggi di spicco cedevano alle lusinghe del potere e si prestavano a facili compromessi; ma quando il suo atteggiamento raggiungeva gli eccessi di cui aveva dato prova in ripetute occasioni, manifestava una ferocia quasi pari agli uomini che cedevano a compromessi. E lei ne stava facendo le spese.

Trovava pazzesca, surreale tutta quella situazione. Sapeva che il Senato aveva trattato l'ingresso delle truppe dei ribelli in città, e anzi Cinna e soci non erano più considerati ribelli. C'erano ancora i postumi della pestilenza, nell'Urbe, e una situazione istituzionale caotica, che avrebbe dovuto prevedere la presenza attiva del console anziano. E invece Ottavio, ormai perduto in se stesso e nei suoi deliri, dopo aver trascurato l'agonia della moglie per dedicarsi alle faccende istituzionali, trascurava le faccende istituzionali per allestire un processo-farsa ai danni della sua schiava più devota, si faceva giudice e boia e se ne stava assiso sulla sua sedia a osservarla mentre un altro schiavo la giustiziava.

«È il momento. Esegui la sentenza», disse solennemente Ottavio a uno dei servi, come se si trovasse nel Foro davanti alla folla. E a guardarlo bene, si disse Giunilla, sembrava talmente compreso nel suo ruolo di giudice che forse si sentiva davvero in un'occasione pubblica, e magari si immaginava circondato dalla cittadinanza, oppure dai senatori in una seduta ufficiale. In quei tempi folli, qualcuno provato dalla vita e dagli eventi poteva diventare pazzo: sembrava proprio che stesse capitando al suo padrone, nonché supremo magistrato della Repubblica.

Lo schiavo le si avvicinò con un laccio in mano e un'espressione contrita in volto. La guardò con occhi imploranti, come a chiederle perdono. La ragazza si fece forza e, senza tentare di arrestare le lacrime che le rigavano il viso, annuì e cercò di sorridergli. Sapeva bene che qualcuno doveva pur farlo, e non voleva provocare altre vittime in quella casa. Sollevò pertanto il capo, si asciugò le lacrime e gonfiò il petto, tentando di assumere una posa orgogliosa, per mostrarsi degna dell'austerità che aveva sempre caratterizzato quella famiglia.

Lo schiavo le passò il laccio intorno al collo e lo tenne teso, attendendo il segnale del padrone. Ottavio si alzò in piedi, annuì gravemente, levò il braccio in alto e poi lo abbassò, senza mai modificare l'espressione arcigna che aveva assunto dall'inizio di quel ridicolo procedimento. Giunilla sentì serrare la stretta, e dopo un istante i suoi occhi ripresero a lacrimare. La vista le si annebbiò e le figure intorno a lei si fecero indistinte. Le tempie presero a pulsarle in modo forsennato, ma all'improvviso sentì un rombo più forte degli altri, poi grida e rumore di piedi chiodati che calpestavano il pavimento marmoreo del tablino.

La stretta si allentò. La ragazza si massaggiò il collo e si asciugò le lacrime, strizzando gli occhi per vedere cosa accadeva.

«Cosa succede qui? Che storia è questa?». Una voce che non conosceva.

«Cosa succede lo dico io!», replicò Ottavio. «Chi siete voi per entrare così in casa mia? In casa del console di Roma?»

«Mi chiamo Crisso e faccio parte della guardia del corpo di Gaio Mario. Per ordine del Senato e del console Cinna, devo arrestarti e condurti al carcere Tulliano». Giunilla si accorse che il giovane che aveva parlato non le staccava gli occhi di dosso. Era armato e accompagnato da altri sette come lui.

Tutti schiavi con la bulla al collo. Dovevano essere i famosi bardiei di Mario, celebri per la loro ferocia.

«Non riconosco l'autorità di Cinna, né tanto meno quella di quel criminale di Mario, che a quanto ne so è ancora un nemico pubblico. Sono console di Roma e non mi muoverò di qui se non per presiedere la prossima seduta del Senato. Inoltre, vedo che sei solo un servo. E tu, schiavo, osi entrare a casa mia e parlarmi in un modo tanto insolente?»

«Tu verrai con me, console», replicò Crisso freddamente. «Non hai scelta, se non vuoi subire un processo».

«Non mi muoverò di qui, schiavo».

Seguì un istante di silenzio e di immobilità da parte di tutti, durante il quale Giunilla recuperò tutte le sue facoltà. Si sentì ancora scrutare da Crisso, nonostante il giovane fosse impegnato in un duello di sguardi con il console. Infine lo schiavo sguainò la spada e la rivolse verso il viso di Ottavio. Questi si rimise a sedere, senza smettere di guardarlo negli occhi e ignorando la punta della lama che quasi gli sfiorava il naso.

«Non lo vuoi un processo?», ribadì Crisso.

«Tenuto da chi? Da fuorilegge? Sarebbe una farsa», rispose sdegnato, e a Giunilla parve perlomeno paradossale che il padrone parlasse di processi-farsa.

Crisso annuì, portò indietro la spalla, caricò il fendente e vibrò il colpo. Un istante dopo, l'urlo di Giunilla accompagnò la visione della testa del suo padrone che rotolava sul pavimento, imbrattandone gli eleganti disegni geometrici con chiazze di sangue. Crisso la raccolse e la diede a uno dei suoi compagni, poi si avvicinò a lei. Le accarezzò un braccio con tenerezza, ma la ragazza si scostò d'istinto, turbata. Poi però si rese conto di avere bisogno di conforto, e lo lasciò fare.

«I miei capi speravano che andasse così. Un problema in meno per il Senato. Ho dovuto compiere l'esecuzione», sentì il bisogno di giustificarsi il giovane.

Lei annuì, ancora tremante ma lieta che quel giovane le si rivolgesse con dolcezza.

«Cosa ti stava facendo?», le chiese Crisso.

«Mi... mi stava facendo uccidere», rispose.

«Perché?»

«Una... una negligenza».

Lui le cinse le spalle con un sorriso. «Non ti capiterà più di subire queste ingiustizie. Vieni con noi, adesso. Abbiamo bisogno di una vivandiera».

Giunilla si chiese se poteva fidarsi. Quegli schiavi godevano fama di grande brutalità. D'altra parte, quali altre prospettive aveva? I suoi padroni erano morti, e per una giovane schiava come lei non c'erano molte alternative... Chi l'avrebbe accolta nella propria casa, dopo aver servito il vecchio console caduto in disgrazia?

Poi osservò il viso del giovane, che la guardava estasiato, e la sua espressione gentile la tranquillizzò.

«Va bene. Vengo con voi», disse dopo qualche istante di esitazione, ma felice di avere una nuova prospettiva di vita.

VIII

Cinna varcò la soglia di Porta Collina attorniato dai littori che spettavano alla sua carica. Era preceduto e seguito dalla sua guardia del corpo, composta da legionari ripuliti per l'occasione dai duri postumi dell'assedio, perché apparissero alla popolazione romana in tutta la loro minacciosa potenza. La gente assisteva apatica e diffidente, senza manifestare alcun clamore, a quella che intendeva essere un'entrata trionfale. Nessuno inneggiava il nome di Cinna, il quale procedeva su un cocchio trainato da quattro cavalli bianchi per ricordare a tutti che quella guerra l'aveva vinta lui; ma dovevano essergli grati per non aver fatto sfilare per le vie della città l'intero esercito, come in un vero trionfo: aveva lasciato i legionari accampati fuori le mura, rispettando almeno all'apparenza la disposizione che vietava la presenza di armati regolari nel pomerio.

Null'altro faceva somigliare l'ingresso del console in città a un trionfo. L'Urbe non era certo in festa, anzi sembrava listata a lutto, per il silenzio che aleggiava ovunque, gli abiti sporchi della gente che non si era preoccupata di mettersi il vestito buono, gli edifici insozzati e crepati, le strade colme di rifiuti o di carogne di animali di cui nessuno si curava, il fetore di morte e di decomposizione che penetrava le narici, le molte persone sopravvissute all'epidemia ma provate nel fisico e nella mente, che camminavano come spettri al pari dei più poveri, denutriti e macilenti per il razionamento che aveva colpito loro prima di chiunque altro.

Crisso attendeva il suo turno accanto alla porta. Mario aveva dovuto cedere la priorità dell'ingresso a Cinna quale console, ma era intimamente convinto che spettasse a lui il privilegio di varcare la soglia per primo, in forza dei suoi trascorsi, della sua età e dei suoi meriti nell'assedio, che solo grazie alla sua esperienza, obiettivamente, aveva sortito un esito favorevole per i ribelli. Tuttavia, aveva inviato alcuni bardiei in avanscoperta, perché si capisse che non era subordinato a nessuno, anzi facendo addirittura sembrare che il console gli facesse da apripista.

Mario aveva premiato il giovane schiavo per avergli portato la testa di Ottavio, promettendogli non solo la libertà ma anche un cospicuo stipendio come capo delle guardie del corpo, una volta che lui fosse tornato a essere console. Cinna aveva tirato un bel sospiro di sollievo, e i comandanti erano potuti entrare in città senza temere alcuna opposizione. E anche Crisso si sentiva soddisfatto. Aveva chiesto di poter tenere la schiava che aveva salvato a casa di Ottavio, e Mario aveva fatto spallucce, cosa che aveva interpretato come una risposta affermativa. L'aveva sistemata nel loro acquartieramento in una tenda a parte, insieme alle prostitute che il generale aveva sempre consentito ai bardiei di portarsi dietro per sfogare i loro istinti e premiare la loro fedeltà, ma aveva intimato ai suoi compagni di non toccarla neppure con un dito. Gli piaceva, quella ragazza, e la voleva tutta per sé. Niente più puttane, ora che c'era lei, non solo perché la trovava più attraente e raffinata di loro, ma perché sentiva di essere ricambiato, e questo era un valore aggiunto che con le donne di cui pagava la compagnia non aveva mai provato.

Guardò oltre l'ingresso. Sapeva bene che Mario, appena fuori, scalpitava. Ma era stato convenuto che trascorresse del tempo tra il passaggio di Cinna e il suo: il console non voleva che la sua sfilata fosse oscurata dalla presenza, immediatamente alle sue spalle, del celeberrimo condottiero che tutti erano curiosi di vedere, non solo per la straordinaria serie delle sue imprese belliche, ma anche per l'incredibile prova che aveva dato assediando la città e partecipando alle battaglie alla sua veneranda età.

Quando Crisso poteva vedere ormai solo la schiena delle guardie del corpo di Cinna, i suoi compagni bardiei comparvero marciando in formazione. Come lui, erano in quella che poteva definirsi un'alta uniforme, voluta da Mario per l'occasione: tuniche rosso sangue immacolate come Crisso non l'aveva avuta neppure al momento del suo arruolamento, e fasce altrettanto rosse intorno alla testa, un mantello purpureo, lance e piccoli scudi rotondi.

Poi comparve Mario, in sella al suo cavallo. Indossava una corazza anatomica divenuta troppo grande per lui, ormai meno robusto di un tempo, un elmo attico dotato di alta cresta a crine di cavallo, e un ampio mantello purpureo. Non guardava a lato ma solo di fronte a sé, né si voltava alle isolate acclamazioni provenienti dagli spettatori di quell'insolito corteo, fatto di schiavi e non di soldati veri. Non appena varcò la soglia, però, tirò le redini al cavallo e si bloccò. I bardiei che lo precedevano furono costretti a fermarsi.

Il condottiero richiamò l'attenzione di uno dei questori presenti ad accoglierlo e gli disse ad alta voce, facendo in modo che lo udisse più gente possibile: «A quanto mi risulta, sono ancora definito un *hostis*. Quindi non mi è consentito varcare le mura della città».

Il questore più vicino apparve disorientato. «Ma... signore... il Senato ha deliberato il tuo ingresso in città. Sei autorizzato...», farfugliò.

«Niente affatto. Nessuno si è preoccupato di abolire la legge che mi definisce "nemico pubblico". E io sono un uomo ossequioso della legge. Non violerei mai la mia patria, né la costringerei a sopportare la presenza di un bandito. Pretendo dunque l'abolizione del decreto mediante uno nuovo. Si raduni il popolo nel Foro e si proceda alle votazioni».

Il questore stava per replicare, ma si rese conto della determinazione di Mario, che nel parlargli non lo aveva degnato di uno sguardo, e corse goffamente verso il Foro, presumibilmente per conferire con i senatori. Crisso si chiese a quale gioco giocasse il vecchio, ma poi concluse che voleva solo fare dell'ironia e mettere in difficoltà il Senato. Magari aveva sognato quel momento a lungo, nel degradante periodo del suo esilio, e ora se lo voleva gustare fino in fondo.

Rimasero tutti fermi ad attendere per almeno un paio d'ore, con i cittadini immobili e incuriositi di vedere come sarebbe andata a finire la faccenda, e Mario impassibile sul suo cavallo. Nessuno osava avvicinarglisi, tale era la soggezione che incuteva. In realtà, sembrava una sorta di dio incollerito, di cui tutti temevano legittimamente l'ira, come se fosse in grado di scagliare fulmini da quegli occhi di fuoco.

Finalmente si ripresentò il questore che, trafelato, comunicò a Mario e a tutta la popolazione assiepata intorno a lui di trasferirsi nel Foro, dove erano stati approntati in fretta e furia i recinti per le votazioni. I bardiei ripresero a marciare e Crisso si unì al contingente che seguiva Mario. Sfilarono per le vie della città, passando attraverso la Suburra, tra il Quirinale e il Viminale, con la gente che gli si accodava. Crisso notò che alcuni legionari spingevano i civili più esitanti: evidentemente, erano andati quartiere per quartiere, *insula* per *insula*, per sollecitarli a votare.

Giunsero al Foro e Mario prese posto sulla tribuna dei rostri, di fronte alla quale erano stati allestiti i recinti che dividevano le zone di votazione per tribù. Delle passerelle sospese mettevano in comunicazione la parte terminale dei corridoi con il podio, per permettere ai votanti di accedere alla tribuna dove erano posizionate le urne. Il banditore aveva già spiegato che si votava per abrogare la legge che aveva sancito l'esilio di Mario, e già era stato aperto il recinto della prima tribù. Il vecchio condottiero si sedette sulla sedia riservata solitamente ai candidati nei comizi curiati e guardava negli occhi ciascun votante che gli si avvicinava per depositare la scheda, come ad ammonirlo.

Andò avanti così fino all'inizio della votazione della terza tribù, delle trentacinque previste. Allora, d'improvviso, Mario scattò in piedi, con una manata rovesciò l'urna più vicina a lui, davanti a un esterrefatto votante, e prese a sbraitare: «È solo una perdita di tempo! Basta così. Questa è solamente una formalità! Andate tutti a casa, cittadini: per oggi è finita!». Poi richiamò l'attenzione di Crisso e gli comandò di abbattere tutti i recinti. In mezzo al disorientamento generale, il giovane seppe di dover eseguire prontamente, e invitò i compagni a seguirlo. Si allontanò dal podio e con la lancia prese a scalzare i paletti che delimitavano le aree di afflusso, mentre la gente cui passava accanto, incanalata nei corridoi, si ritraeva terrorizzata. E non appena un recinto veniva abbattuto, le persone che vi erano ammassate sciamavano via, disperdendosi in più direzioni.

Crisso continuò a eseguire il suo compito meccanicamente, turbato dalle espressioni che leggeva nei volti dei cittadini ogni volta che incontrava il loro sguardo. Forse la pantomima dell'ingresso a Porta Collina era stato fin troppo ironico. Ma Mario aveva proseguito il suo scherzo, ammesso che si potesse definire tale, ben oltre il ragionevole.

C'era qualcosa che non andava nel vecchio, ormai. Era questo, probabilmente, che volevano comunicargli gli sguardi dei cittadini di fronte ai quali si sentiva molto a disagio, in quel momento.

Crisso iniziava ad avere il fiato grosso. Non avrebbe mai immaginato che un vecchio potesse farlo correre tanto. Si trovò davanti a un bivio e si chiese quale dei vicoli avesse imboccato il senatore che Mario lo aveva incaricato di uccidere. Chiamò a sé un compagno e si incamminò per uno dei viottoli, ordinando agli altri due bardiei di prendere il secondo: quando Mario deliberava la morte di qualcuno, entro due giorni dall'ordine la sua testa doveva essere portata al cospetto del condottiero; altrimenti, a cadere era la testa dello schiavo che non aveva eseguito il compito. Ma fino a quel momento nessun bardieo aveva fatto quella fine: gli schiavi di Mario avevano preso un tale gusto a sentirsi padroni della città, che svolgevano i loro incarichi con uno zelo straordinario.

Perfino lui, si disse, si era dimostrato sollecito a giustiziare sommariamente qualunque persona gli venisse ordinato di uccidere. Ma senza alcun piacere, né lo inebriava la sensazione di potere che ne sarebbe potuta derivare. Collezionava teste con il distacco con cui avrebbe potuto schiacciare le zanzare che lo avevano tormentato per tutta l'estate, cercando di controllare il disgusto che lo assaliva ad ogni istante. Lo faceva solo per non perdere la sua, di testa, per rimanere in vita soprattutto ora che aveva conosciuto la splendida sensazione che chiamavano amore.

Era sorprendente che proprio in quei giorni di morte e terrore, di torture e di stupri, di stragi efferate e di mancanza totale di pietà e umanità, fosse nato tra lui e Giunilla un sentimento tanto nobile e puro. Avevano impiegato poche ore, i due giovani, a entrare in confidenza e in sintonia; di lì all'intimità, il passo era stato breve. La sera stessa che l'aveva sottratta alle grinfie di un altro pazzo come Gaio Ottavio, erano finiti a letto insieme, ma non solo a fare l'amore: tenerezze ed effusioni avevano arricchito la semplice unione fisica, come mai gli era capitato in precedenza, rendendo quei momenti non solo indimenticabili, ma anche irrinunciabili.

Si era subito accorto di non poter più fare a meno di lei: Giunilla aveva dato un nuovo significato alla sua vita, rendendola ancor più degna di essere vissuta. Era cresciuto un fiore in mezzo a quel fango, e lui era ben intenzionato a preservarlo, a costo di uccidere l'intera cittadinanza, se Mario glielo avesse ordinato. Erano quattro giorni che lui e Giunilla avevano scoperto un nuovo modo di vivere, forgiato dall'intensità del loro sentimento, ed erano quattro giorni che Roma era sprofondata nel terrore di un eccidio senza fine. Crisso passava in continuazione dalla tenerezza degli abbracci di Giunilla all'orrore degli omicidi che era costretto a perpetrare, e talvolta si chiedeva se la sua mente avrebbe retto a lungo il repentino e costante passaggio da un eccesso al suo opposto.

Intravide la sagoma massiccia del suo bersaglio subito dietro una curva, per vederla poi scomparire all'angolo di un'*insula* fatiscente. Accelerò il passo facendo ricorso alle energie residue e finalmente, girato l'edificio, poté contemplare il senatore quasi trascinarsi lungo la strada, le mani sui fianchi a tirarsi su la toga perché non lo ostacolasse nella corsa. Gli gridò di fermarsi e quello lo fece davvero. Crollò in ginocchio e, ansante, chinò il capo, sconfitto, in attesa della lama: ormai le esecuzioni sommarie erano talmente frequenti che gli obiettivi sapevano già quale destino li attendeva.

Crisso e il compagno si avvicinarono camminando, e quello non si voltò. Il giovane si fermò dietro di lui: se il senatore non voleva vedere il suo carnefice né lo scintillio della lama balenare sopra la propria nuca, non aveva difficoltà a rispettarne il desiderio. Molti non gradivano essere testimoni della propria morte; altri, invece, traevano coraggio dal guardare negli occhi il loro uccisore.

Neppure lui, d'altronde, gradiva incontrare il loro sguardo; in un certo senso, non focalizzare i loro tratti somatici li rendeva meno umani, e quindi meno difficile e penoso il suo compito.

«Sappi, schiavo, che non ho fatto nulla al tuo padrone. Forse si è offeso perché non ha udito il mio saluto quando gli sono passato vicino, ecco tutto», sussurrò il senatore boccheggiando, se per la paura o per la corsa Crisso non avrebbe saputo dirlo. Non era la prima volta che sentiva una scusa del genere, in quei quattro giorni di morte: in realtà, il fatto che Mario non salutasse qualcuno era proprio il segnale convenuto con i bardiei perché eseguissero la sentenza di morte. Cosa le vittime avessero fatto in precedenza al vecchio generale, Crisso lo ignorava, e poteva anche darsi che, in alcuni casi, si dimenticasse semplicemente di salutarli oppure, perduto nelle sue elucubrazioni, non li notasse nemmeno; ma nessuno osava chiedergli se la sua indifferenza fosse una condanna o una semplice distrazione.

«Ne prendo atto», si limitò quindi a dire, prima di calare la spada con colpo secco sul collo del malcapitato. Constatò con soddisfazione che la testa già rotolava sul selciato, mentre il busto rimase qualche istante in posizione eretta, prima di crollare in avanti con un rivolo di sangue che si incuneava tra gli interstizi dei lastroni della strada. Col tempo, aveva preso la mano e imparato a evitare sofferenze ai condannati: ai due o tre colpi non mortali che propinava alle sue prime vittime prima di riuscire a staccargli la testa, aveva sostituito un fendente deciso, che sperava ponesse fine alle loro vite senza un solo istante di agonia.

Sentì cadere sul suo capo alcune gocce di pioggia. Sollevò la testa e se ne fece investire, come se potessero mondarlo dalla sporcizia di cui si era appena macchiato. Rimase così qualche istante, poi chinò il capo e raccolse la testa che aveva troncato con tanta implacabile efficienza, notando l'acqua che diluiva la traccia vermiglia della sua esecuzione.

Fece cenno al compagno di avviarsi alla volta dell'Aventino. La tappa successiva era la casa di Lutazio Catulo, il vecchio collega di Mario al quale il generale aveva disputato la vittoria sui Cimbri. Si diceva che ormai non contasse più nulla in politica, eppure Mario ne aveva voluto esplicitamente la morte. Catulo era un aristocratico tra i più conservatori, il classico patrizio spocchioso e sprezzante nei confronti di tutte le altre classi sociali, ostile a ogni forma di cambiamento e quindi anche all'estensione del diritto di voto ai nuovi cittadini. Tutto sommato, Crisso trovava quel compito meno sgradevole di altri; per quelli come Catulo, lui e gli altri schiavi non erano neppure esseri umani, e non avrebbero mai dovuto avere alcuna possibilità di ascesa sociale. Proprio come Gaio Ottavio, il solo che era stato fiero di uccidere fino ad allora, e non solo per quello che il *dominus* stava per fare a Giunilla.

Sotto la pioggia ormai battente, fece a ritroso il vicolo che aveva percorso per trucidare il senatore, e poi quello lungo il quale aveva mandato gli altri due bardiei. Li ritrovò intenti a divertirsi con una ragazza vestita con abiti eleganti e di buona fattura, mentre due schiavi, riconoscibili dalla *bulla* al collo, giacevano a terra con squarci negli stomaci.

Vide uno dei due sbatterla sul selciato e aprirle le gambe montandole sopra, mentre l'altro avvicinava il bacino al viso della poveretta. Crisso accelerò il passo, si avventò contro il primo stupratore e lo afferrò per le spalle, scaraventandolo sul fianco. «Cosa fate, idioti?», urlò ai compagni.

«È una nobile, non vedi? Deve avere per forza qualche parente che abbiamo ucciso… quindi sarà colpevole anche lei, no?», si giustificò l'altro.

«Imbecille! Abbiamo un compito da svolgere. Lasciala perdere!», replicò Crisso, afferrandolo per la tunica e rimettendolo in piedi. Fece cenno anche all'altro di seguirlo, poi aiutò la ragazza a rialzarsi. «E tu, che ti è saltato in mente di avventurarti fuori da casa? Non sono tempi per le passeggiate, questi», le sussurrò. Ma lei si scansò piangendo a dirotto, e lui non capì neppure se l'avesse ascoltato.

Risalirono il monte Aventino e, seguendo le indicazioni fornite dai numerosi delatori, ansiosi di trarre vantaggio dalle vendette di Mario, giunsero alla *domus* del senatore, tra le più eleganti e imponenti della zona. Crisso si accorse subito che era successo qualcosa di strano. La porta d'ingresso era aperta e ne uscivano nuvole di fumo fendendo la pioggia incessante. Si precipitò dentro, ma non vide tracce di fuoco. Una fitta cortina fumogena lo avvolse nel vestibolo e perfino nell'atrio, nonostante fosse all'aperto. Tossendo e asciugandosi gli occhi, avanzò verso la zona privata, dove trovò finalmente degli schiavi, tutti agitati e spaventati.

«Cos'è successo? Dov'è il padrone?», domandò a uno di essi afferrandolo per la tunica.

«Dovresti saperlo, bardieo. L'avete costretto voi poco fa, no?», rispose quello, sconvolto.

«Che vuoi dire? Io sono appena arrivato».

«Tu, forse, ma non i tuoi compagni. Appena vi ha sentiti bussare alla porta, si è chiuso dentro il suo tablino, ha sprangato tutte le finestre e ha alimentato il braciere, facendosi soffocare dai vapori ardenti. Non vi ha dato la soddisfazione di ucciderlo, almeno...».

Crisso si stupì che uno schiavo compatisse in

quel modo la morte del padrone. Avrebbe dovuto esserne contento, e invece si disperava. Ma si stupì anche che qualche bardieo l'avesse preceduto: Mario aveva assegnato a lui quel compito. Ad ogni modo, doveva appurare che non fosse tutta una montatura di Catulo per salvarsi la pelle. «Fammi strada nella sua stanza», ordinò.

Entrarono nel cubicolo, e già sulla soglia Crisso fu investito da un'ondata di calore e da un più acre e penetrante odore di fumo, nonostante le finestre fossero state aperte e il braciere spento con dell'acqua. Il cadavere di Lutazio Catulo giaceva sul letto. Indossava la sua toga migliore e solo l'espressione sofferente impressa sul viso lasciava capire che doveva aver patito le esalazioni prima di morire. Per il resto, dalla sua compostezza traspariva la dignità che aveva accompagnato il suo decesso, e Crisso non poté fare a meno di ammirarne il coraggio. Come Valerio Merula, il console suffetto che si era tagliato le vene, aveva preferito farla finita da solo.

Tuttavia, i conti ancora non tornavano. Doveva capire chi lo aveva preceduto. «Il resto della famiglia dov'è?», chiese allo schiavo che lo accompagnava.

«La *domina* è morta l'anno scorso e i figli abitano altrove. Ma c'era il nipotino qui, ospite da qualche giorno. Lo hanno preso i tuoi compagni», rispose quello in tono disperato.

"Un bambino? E perché mai avrebbero dovuto prendere un bambino?", si chiese Crisso. E, dopo aver lasciato a un compagno il compito di staccare la testa a Catulo, tornò indietro e riguadagnò l'uscita. Chiamò a raccolta gli altri bardiei e si avviò verso il Foro, deciso a indagare. Ma dopo pochi passi la sua attenzione fu attirata da un movimento dietro il basso muretto che delimitava il giardino più vicino all'abitazione del senatore. L'istinto lo spinse ad andare a vedere. Varcò il cancello d'ingresso, socchiuso, e addossati al muretto vide due uomini in uniforme rossa da bardieo. Guardò più in basso, sapendo già cosa avrebbe trovato. Per terra, un'altra figura più minuta giaceva riversa, con una spada piantata a mo' di palo nel petto.

Si avvicinò e la pioggia molto intensa rese più silenziosi i suoi passi. Afferrò per una spalla lo schiavo più vicino e lo obbligò a voltarsi. «Ma cosa state facendo? Chi vi ha detto di...». Le parole gli morirono in gola.

Era Cinna.

Rimase qualche istante immobile, incredulo e disorientato.

«Fatti gli affari tuoi, schiavo», gli intimò Cinna.

«Tu... tu usi questa copertura per le tue perversioni», riuscì a mormorare.

«E allora?», replicò il magistrato. «Voi siete le bestie che Mario ha sguinzagliato per la città. Le strade sono piene di cadaveri abbandonati senza testa, e sulla tribuna dei rostri è accatastata una pila di teste di chiunque non stia troppo simpatico al vecchio. Cosa vuoi che conti un omicidio in più o in meno? Ciò che non potrei fare da console, posso farlo da bardieo, no?»

«Non sei migliore di noi. Io ti denuncio», rispose Crisso, confortato dalla presenza dei suoi compagni, che gli permetteva di essere in superiorità numerica.

«Provaci, e non vivrai un solo giorno di più. Sei sacrificabile anche per Mario, figurati per me. E lo stesso vale per voi, schiavi. Le vostre violenze devono finire, lo ha detto anche Sertorio», intimò Cinna a lui e ai suoi compagni, con una sicurezza che li fece tremare.

Aveva ragione, purtroppo. Per il suo settimo consolato, Mario avrebbe sacrificato chiunque, c'era da starne certi; e mai sarebbe stato disposto a contrastare l'uomo che più gli serviva per ottenerlo. E poi, Crisso doveva pensare anche a Giunilla.

Chinò il capo, si voltò e se ne andò, subito imitato dai suoi compagni, sentendo risuonare nelle orecchie la sadica risata di Cinna dietro le spalle.

Ne aveva compiute, di cose di cui vergognarsi, in quei giorni. Ma mai si era sentito un verme come in quel momento.

IX

Giunilla fu svegliata all'alba dalla perentoria voce di un bardieo trafelato, piombato nella tenda delle prostitute in cerca di Crisso. Il suo uomo era rimasto a dormire accanto a lei per tutta la notte, nell'angolo che le altre donne, disponibili e gentili nei suoi confronti dopo aver visto il legame che si era formato con il bardieo, le avevano messo a disposizione, dietro un tendaggio-schermo.

Crisso si alzò di scatto, scostò il telo e attirò l'attenzione del compagno, che per qualche istante si fece distrarre dalle lusinghe delle donne.

«Sei atteso da Gaio Mario nella sua residenza sul Palatino», disse infine lo schiavo tra un risolino e l'altro, mentre le donne gli sollevavano la tunica e gli sfioravano le parti intime.

«Subito?», rispose Crisso rimettendosi la sua tunica.

«Subito».

«Da solo?»

«Da solo».

Il compagno si lasciò trascinare a terra e scomparì tra una selva di braccia e gambe. Crisso si mise il balteo con il fodero e la spada e si rivolse a Giunilla: «Chissà cosa vuole a quest'ora…».

Lei si alzò a sua volta e gli accarezzò il petto. «Probabilmente vuole premiarti per le tue imprese. Sono sicura che sei la migliore tra tutte le sue guardie del corpo».

Un'ombra passò sul viso del giovane. «Ho fatto cose, in questi cinque giorni, di cui non sono proprio fiero», disse con una punta di amarezza nella voce.

Lei lo abbracciò. «Bisogna pur sopravvivere, amore mio», lo consolò. «Siamo schiavi, e non siamo padroni del nostro destino. Quasi mai possiamo scegliere. Almeno, noi siamo stati fortunati a trovarci».

«Ancora per poco non sarò padrone del mio destino. Con l'elezione al consolato di Mario per il nuovo anno, io sarò libero, finalmente. E forse potrò lasciarmi tutto questo schifo alle spalle», replicò Crisso, deciso.

«Rimarrai comunque un uomo di Mario. E lui sarà ancora in guerra con Silla...».

«Non so quanto a lungo resterò con lui. Non credo che ne abbia ancora per molto. L'ho visto invecchiare parecchio in questi pochi mesi che sono stato al suo servizio. Non solo sta male fisicamente, con una tosse insistente che sembra non andarsene più, ma non ci sta tanto con la testa: sempre più spesso pare non rendersi conto di dove sia o cosa stia facendo. Lo vedo perso nei suoi pensieri... ho come l'impressione che creda di far parte delle immagini che gli si formano nella mente...».

«Tanto meglio. Sei un vero soldato ormai, e finirai per servire un generale più saggio ed equilibrato. E io starò sempre con te», concluse lei, stringendosi ancor più forte al suo petto nerboruto.

Lui le sorrise e le accarezzò la guancia, mostrando una tenerezza che non ci si sarebbe aspettati da un uomo tanto forte e imponente. Ma era anche questo che le piaceva di lui: quando la stringeva a sé, tenendole il viso contro il petto e avvolgendola con le sue possenti braccia, si sentiva non solo protetta, ma anche coccolata. E per lei rappresentava tanto, dopo una vita trascorsa in una casa dove le manifestazioni d'affetto erano bandite come non consone alla dignità e al rango di un alto aristocratico.

Crisso prese il mantello e uscì. Giunilla lo accompagnò fuori dalla tenda e lo seguì con lo sguardo, mentre usciva dal piccolo campo trincerato che Mario aveva fatto costruire per i suoi bardiei appena fuori la Porta Appia, tra le tombe e i mausolei delle più importanti famiglie di Roma. La ragazza ammirò il suo corpo statuario, la sua camminata sicura, finché non lo vide scomparire oltre la soglia dell'ingresso, pigramente sorvegliata da due sentinelle semiaddormentate.

Era ancora molto presto e i bardiei dormivano nelle loro tende. Nel campo non circolava nessuno e l'unico movimento era rappresentato da qualche foglia gialla o marrone caduta dagli alberi circostanti, che volteggiava davanti ai suoi occhi. Rimase ad assaporare l'aria frizzante del primo mattino di un ottobre mite e ameno, che sembrava ricompensare i Romani di quell'estate assassina fatta di una calura insostenibile e zanzare malefiche. E si cullò nei pensieri positivi che le piaceva formulare in attesa che lui tornasse a trovarla, come ogni sera da quando si erano innamorati.

Sì, perché era innamorata. Non era solo gratitudine nei confronti di chi l'aveva salvata da morte certa. Non era solo attrazione per un ragazzo bello e forte. Non era solo ammirazione per un uomo della sua stessa condizione, uno schiavo, che aveva saputo elevarsi fino a essere sul punto di conquistare la libertà. Era proprio quel suo strano miscuglio di forza e tenerezza ad averla colpita, ad aver reso indispensabile la sua presenza nella sua vita, dopo soli cinque giorni dal loro primo incontro. Era straordinario come in così poco tempo fossero riusciti a diventare indispensabili l'uno all'altra, e adesso non le importava più di ciò che aveva perso a causa della morte della padrona e della pazzia del padrone. Forse ora la sua non era più la vita comoda di prima, e certo non era gratificante vivere con delle prostitute e sentir parlare ogni giorno di massacri ed eccidi; ma nonostante tutto era felice come mai da quando era nata.

Le altre donne mostravano grande rispetto verso di lei, e non l'avevano mai presa in giro per il suo atteggiamento ingenuo e i suoi modi eleganti, tanto lontani dal loro fare ruvido e rozzo. Molto spesso la loro volgarità la irritava, ma si diceva che non avevano avuto la possibilità di ricevere un'istruzione: se non avesse avuto l'opportunità di crescere in una casa patrizia, probabilmente sarebbe stata come loro. Forse si sarebbe prostituita anche lei. Quindi era indulgente nei loro confronti quanto loro lo erano nei suoi.

Insomma, nonostante il mondo sembrasse crollarle intorno, a dispetto della guerra civile che certamente non era giunta al capitolo finale, e all'atmosfera di morte che aleggiava ovunque, Giunilla si sentiva fortunata e le cose sembravano andare bene, per quanto la riguardava. Amava ed era amata, e le sembrava che null'altro importasse.

D'improvviso, il silenzio che regnava intorno a lei fu rotto dal fugace lamento di una delle due sentinelle. Guardò in alto, e vide il bardieo accasciarsi sugli spalti del vallo con un giavellotto in corpo. Guardò in direzione dell'altra guardia, e notò che era già a terra, trapassata da una lancia. Subito dopo, il portone si aprì e un drappello di legionari con le lance in mano sciamò dentro il campo.

Crisso arrivò davanti alla casa di Mario chiedendosi ancora una volta perché mai il generale l'avesse fatto venire da lui a quell'ora. Non si poteva più sapere cosa passasse per la testa del vecchio; sempre più spesso dava ordini che smentiva immediatamente dopo, favoleggiava di progetti che non avrebbe mai potuto realizzare, si consumava in sterili recriminazioni che servivano solo a spegnere la poca energia vitale che gli era rimasta. Ormai non si era più certi che, eseguendo un suo ordine, si sarebbe incorsi nella sua lode, perché nel frattempo poteva aver cambiato idea oppure, più semplicemente, aver dimenticato di averlo dato.

Pertanto, era ormai con una certa apprensione che Crisso si accostava a lui, nella consapevolezza che ogni incontro, ogni dialogo con quel vecchio pazzo poteva rappresentare un rischio. Neppure blandendolo o obbedendogli ciecamente poteva esser certo di soddisfarlo e di non incorrere nella sua ira; tuttavia, spesso Mario si ricordava di avergli salvato la vita, nella battaglia di Porta Collina, e di esserne stato subito ripagato, e allora Crisso poteva star sicuro che non gli avrebbe fatto nulla; almeno fino a quando non se lo fosse scordato di nuovo. Sperò che quello fosse uno dei giorni in cui la memoria non lo aveva abbandonato.

La zona antistante l'ingresso dell'ampia e imponente *domus*, requisita da Mario a qualche aristocratico che aveva fatto giustiziare, era affollata, come ogni mattino, dalle centinaia di clienti che venivano a implorare favori al loro patrono, o solo un tozzo di pane, o semplicemente a lusingarlo per assicurarsi di non essere sulla sua lista nera, oppure a cercare un modo per non finirci. C'era ressa, intorno al custode, che si faceva dare ricche mance da chi aveva più urgenza di conferire con Mario, e prendeva a calci e insultava i poveri diavoli che non avevano nulla da offrirgli. Qualcuno più disperato provava a offrirgli la propria figlia, magari perfino bambina, ma quello si limitava ad approfittarne per metterle le mani addosso e toccarla ovunque davanti a tutti, e poi la cacciava via insultando il padre e chiamandolo «lenone».

Non era facile farsi largo in quella calca. Ma per Crisso era uno scherzo. Si tolse la *poenula*, e lasciò che gli altri ammirassero la sua uniforme da bardieo sotto il mantello. Immediatamente, si crearono due ali di folla e un corridoio lungo il quale poté passare senza incontrare alcun ostacolo. Cercò di non badare alle espressioni di terrore dipinte sul viso di chi aveva il coraggio di guardarlo, mentre la maggior parte dei cittadini distoglieva lo sguardo per paura di offrirgli un pretesto per qualche provocazione. Si era abituato a quell'atteggiamento, e se i suoi compagni si sentivano gratificati dalla sensazione di potere che ne derivava – tanto più inebriante perché erano schiavi in grado di tenere in pugno uomini liberi –, lui arrivava quasi a vergognarsene, e abbassava lo sguardo a sua volta.

Anche il custode, non appena lo vide, si affrettò a farlo passare, intimando ai cittadini più vicini di farsi da parte e assicurandogli che sarebbe corso subito ad avvertire il *dominus*. Ricomparve un attimo dopo, invitandolo a entrare con ampi e frenetici gesti. Crisso percorse il vestibolo e giunse nell'atrio, dove fu prelevato da un altro schiavo, che lo condusse nel cubicolo di Mario. Fu introdotto nella stanza da letto del generale, che si trovava ancora tra le lenzuola, ma era già sveglio. La debole luce dell'alba che filtrava attraverso la finestra ne evidenziava l'aspetto più che mai spettrale, adesso che era privo degli accorgimenti che usava nelle occasioni pubbliche: i lunghi e pochi capelli scarmigliati gli si erano attaccati sulla fronte, le rughe solcavano il suo volto come se lo avesse modellato uno scalpello più incisivo del solito, e quando si levò a sedere sostenendosi sul gomito, il vecchio tossì in modo convulso e ripetutamente, e il mento gli divenne lucido di bava.

«Giovane Crisso, alla mia età si dorme poco, lo sai…», sussurrò con voce strozzata il generale.

"Se non altro si ricorda il mio nome, oggi", pensò lo schiavo, confortato. Forse non era una giornata rischiosa, dopotutto. Poi rimase in attesa che Mario parlasse. Ma il vecchio continuò a tossire per un bel pezzo e poi, quando l'attacco gli fu passato, rimase a guardare fisso davanti a sé.

Crisso aspettò ancora qualche istante, poi osò parlare: «Generale», disse, «posso chiederti perché mi hai chiamato?».

Mario attese ancora un po', prima di degnarlo di uno sguardo. Poi si voltò verso di lui, impiegando qualche istante per assumere un'espressione consapevole. «Ah, sì, Crisso. Ti ho chiamato… per salvarti ancora una volta la vita», disse biascicando le parole.

I soldati si sparpagliarono in più direzioni, puntando in piccoli gruppi sulle tende dove ancora dormivano i bardiei. Giunilla avrebbe voluto gridare, svegliare tutti e avvertirli, ma quando aprì la bocca, le uscì solo un lungo, sommesso lamento. Vide i legionari entrare in un padiglione, e subito urla soffocate risuonarono da dentro; un istante dopo, i soldati uscirono con i loro giavellotti rossi di sangue. Gli stessi legionari entrarono in una seconda tenda, mentre altri facevano il medesimo, spietato ed efficiente lavoro. Ciascun gruppo spariva per pochi istanti dietro il cuoio di un ricovero, e ne usciva con espressione soddisfatta e le lunghe armi gocciolanti.

Il cuore prese a pulsarle all'impazzata, sentì le lacrime scenderle dagli occhi, lo stomaco le si strinse in una morsa. Quel mondo che stava crollando tutt'intorno era anche il suo, solo ora se ne rendeva conto. Mai felicità avrebbe potuto essere più illusoria di una sensazione che esisteva a dispetto delle circostanze. E mentre dovunque, intorno a lei, udiva grida sommesse, attutite e ovattate dallo spesso cuoio delle tende, e risate di soddisfazione dei carnefici, riuscì a pensare solo che non avrebbe più rivisto Crisso.

Notò che un soldato l'aveva vista. Lo osservò attirare l'attenzione dei commilitoni e indicare nella sua direzione. Per un istante, sperò che qualche bardieo si fosse reso conto di quel che accadeva e avesse fatto in tempo ad armarsi e a reagire. Sperò di vedere qualche nucleo di resistenza, ma quell'idea gli morì subito nella mente quando si rese conto che li avevano sorpresi tutti mentre dormivano, e che forse molti non si erano neppure accorti di essere passati dal sonno alla morte. Vide i soldati dirigersi verso di lei. D'istinto arretrò, raggiunse la propria tenda e si infilò dentro. Si voltò verso le sue compagne prostitute, la gran parte delle quali ancora dormiva. Ma tre di loro stavano facendo divertire lo schiavo venuto ad avvertire Crisso, in un intreccio di corpi e di membra, tra risate sguaiate e gridolini di piacere del tutto surreali, in quel momento di disperazione.

Si avvicinò meccanicamente a loro scavalcando le altre donne che dormivano e, con un piede, diede un colpetto a una schiena che non avrebbe saputo dire di chi fosse. Una delle tre donne si voltò verso di lei e disse: «Che c'è? Vuoi partecipare? Accomodati».

Giunilla non disse nulla. La guardò con espressione triste, sollevò il braccio e indicò in direzione dell'entrata. Subito dopo, si fece luce e dalla fenditura della tenda comparvero due, tre, quattro, otto soldati. Giunilla si volse verso di loro. Lame scintillarono in aria, poi calarono in basso, risalirono vermiglie e ricaddero ancora, e ancora, e ancora. Le urla iniziarono a risuonare nella tenda, poi la ragazza sentì il cuoio sotto i piedi farsi scivoloso. Guardò in basso e si vide immersa nel sangue fino alle caviglie. I crampi allo stomaco aumentarono fino a diventare insostenibili. Sollevò il capo e incontrò lo sguardo di un legionario con il viso a poche spanne da lei. L'uomo le sorrise, il dolore allo stomaco aumentò. Guardò di nuovo in basso: la lama del suo gladio l'aveva trapassata all'altezza dell'ombelico, ma non soffriva più di prima. Vide il ferro sbucare dal suo corpo, portandosi dietro non solo il sangue ma anche le sue stesse viscere. Crollò in ginocchio, incredula, poi cadde riversa sul terreno.

L'ultima cosa che sentì fu lo sciaquio del sangue in cui immerse il viso e il suo acre sapore.

«Cosa vuoi dire, generale?», chiese Crisso a Mario, cercando di capire in quale modo gli aveva salvato la vita.

Il vecchio riprese a guardare davanti a sé. «È giunta la notizia che Silla ha vinto un'altra battaglia contro Mitridate. Presto potrebbe non esserci nessun'altra guerra da combattere. E io che farò?»

«Ehm... generale. Come hai fatto a salvarmi la vita?», ripeté Crisso, in quel momento assai poco interessato alle vicende del grande antagonista di Mario.

«Che? Come ho fatto? Ma chiamandoti a stare qui con me, è ovvio!», rispose, e subito dopo proruppe in una sequenza di colpi di tosse.

«E perché al campo non sarei stato al sicuro?», lo incalzò. Meglio approfittarne per farsi dare tutte le informazioni, finché si ricordava il motivo per cui l'aveva mandato a chiamare.

«Tu non sei al sicuro? *Io* non sono mai al sicuro. Tutti vorrebbero uccidermi. È per questo che devo ucciderli prima io!».

«Generale, te lo chiedo ancora una volta: perché al campo non sarei stato al sicuro?»

«Perché tra poco i bardiei non esisteranno più. Anzi, forse a quest'ora non esistono già più».

Crisso avvertì un groppo alla gola. Le parole fecero fatica a uscirgli di bocca. Si avvicinò e per un istante fu tentato di afferrare Mario per l'orlo della tunica. Si trattenne con le mani a mezz'aria e sibilò: «Che hai fatto?»

«Io non ho fatto niente. Cinna e Sertorio lo hanno fatto... e io non ho potuto dire di no...».

«A cosa? A cosa non hai potuto dire di no, vecchio pazzo?»

«Stai attento, Crisso: non posso ucciderti perché mi porti fortuna, e tu non puoi mancarmi di rispetto perché ti ho salvato la vita due volte. Non esagerare».

Crisso cercò di controllarsi. «D'accordo. Cosa è successo?»

«È successo che Cinna e Sertorio mi hanno detto di averne abbastanza delle violenze dei bardiei. La popolazione era atterrita, dicevano... Li ho assicurati che vi avrei fatto smettere, ma loro hanno risposto che per rassicurare la popolazione e il Senato bisognava sterminarvi tutti. Ho risposto che avevo bisogno di voi, ma hanno replicato che ho più bisogno di loro due. Che potevo fare? Ho dato il mio assenso... Ma lo avrebbero fatto comunque».

«Hanno... hanno ucciso tutti quelli che erano nel campo?», chiese atterrito.

«Tutti. Per questo sono venuti all'alba. Per trovarli tutti dentro».

Crisso non poteva pensare ad altro che a Giunilla. «Ma la mia donna... Hanno ucciso anche le puttane?»

«Quale donna? Avevi una puttana tutta tua? E io come potevo saperlo?». Mario si era scordato di averlo autorizzato a tenere Giunilla.

«Devo andare». Crisso scattò verso la soglia. Era certo che il massacro non avesse nulla a che fare con l'esigenza di fermare le violenze che avevano fatto comodo anche a Cinna. La verità era che il console cercava lui e i suoi compagni: voleva cancellare ogni traccia del proprio crimine e ogni rischio che venisse rivelato.

«Ma dove vai? Ti uccideranno», gli gridò dietro Mario.

Crisso si bloccò. Sapeva che era vero. Se solo Cinna avesse saputo che era sopravvissuto alla strage, avrebbe fatto di tutto per far ammazzare anche lui. Eppure doveva sapere di Giunilla… Se c'era anche solo una speranza di salvarla… Riprese a camminare.

«Mi servi. Ti farò uccidere io, se te ne vai adesso! E non avrai mai la libertà», riprese a urlargli Mario.

Crisso si bloccò di nuovo. E stavolta crollò in ginocchio, e pianse.

EPILOGO

«Vieni, tu. Mio padre ti vuole». La figura massiccia del figlio di Gaio Mario comparve sulla soglia della porta del magazzino. Crisso si alzò dal pagliericcio su cui stava riposando da fin troppo tempo, tanto da aver perduto il senso del giorno e della notte. Annuì e raggiunse l'uomo, che di Mario aveva il portamento ma non l'intelligenza, né la personalità.

«Come sta il console?», gli chiese. Erano diversi giorni che non lo vedeva, però sapeva dagli altri schiavi della *domus* che le condizioni del generale erano ulteriormente peggiorate, da quando era stato eletto alla suprema magistratura dello Stato. La sua vita da recluso, peggio che se fosse stato ancora schiavo nella tenuta in Etruria, l'aveva privato di tutto ciò che aveva sognato dopo essere stato reclutato da Mario. Un altro sogno distrutto, dopo la morte di Giunilla, da cui aveva faticato a riprendersi.

«Come vuoi che stia?», rispose Mario il Giovane. «Sta morendo. In un momento di lucidità ha chiesto di te. Dice che gli porti fortuna, e spera di salvarsi con la tua presenza, quel vecchio pazzo...».

Crisso percorse il viottolo interno della corte dai locali della servitù alla *pars* padronale con l'animo pieno di aspettativa. Mario aveva voluto tenerlo nascosto per evitare che Cinna lo riconoscesse e pretendesse l'uccisione anche dell'ultimo bardieo sopravvissuto. E non gli aveva neppure permesso di andarsene da Roma perché, diceva, aveva bisogno della sua fortuna per la guerra che si accingeva a combattere, a seconda delle giornate, contro Silla o contro Mitridate. E, naturalmente, non lo aveva neppure liberato temendo che, una volta ottenuto quel che desiderava, Crisso se ne andasse privandolo così del suo portafortuna.

Se ora Mario lo chiamava a sé, poteva voler dire che, sentendosi prossimo alla morte, aveva finalmente deciso di liberarlo e lasciarlo andare via.

Ma nello stesso tempo Crisso era assalito dall'angoscia che il vecchio, ormai solo di rado lucido, si fosse dimenticato di doverlo nascondere a Cinna: e se quest'ultimo fosse stato presente al suo capezzale? Di certo l'ex console non aveva dimenticato la sua faccia, anche a distanza di tre mesi dal giorno in cui lui lo aveva sorpreso accanto alla casa di Catulo col corpo martoriato di quel bambino.

Quando giunse sulla soglia del cubicolo dove riposava Mario, esitò a entrare. Squadrò tre schiavi in attesa appena fuori la stanza, si affacciò oltre l'uscio mentre Mario il Giovane era già accanto al padre, appurò la presenza di un uomo che non conosceva, poi entrò avvicinandosi con circospezione al generale.

Mario sembrava enormemente invecchiato durante le due settimane in cui Crisso non l'aveva visto. Aveva perso qualsiasi traccia del vigore residuo di cui aveva dato prova durante l'assedio, e le rughe, ormai più simili a cicatrici, avevano trasformato il suo volto in una maschera tragicomica. Se ne stava a bocca spalancata, cercando di inalare aria, respirando come se ogni sospiro fosse l'ultimo, come un uomo che annaspava nell'acqua in procinto di annegare.

«Padre, c'è Crisso. Lo hai mandato a chiamare, ricordi?», gli disse Mario il Giovane, indicandogli lo schiavo.

Il vecchio generale volse lentamente il capo verso di lui. Una tosse secca lo aggredì, facendo ondeggiare a ogni colpo la sua testa spelacchiata. Quando si calmò, cercò di parlare. La sua voce, rauca e flebile, non aveva più nulla della potenza di un tempo. «Ah… Crisso… Sai, stanotte Silla è venuto a trovarmi… Mi ha sfidato… e io… io gli ho detto che non poteva farmi nulla perché io ho il mio portafortuna…».

«Sì, *dominus*», rispose Crisso, impaziente. Sperò che venisse al punto: gli sembrava vicino a tirare le cuoia.

«Appena sto meglio… io e te ce ne andiamo in Oriente e gliele suoniamo, a quel borioso… E poi facciamo vedere noi ai Romani come si combatte gente come Mitridate…».

«Sì, *dominus*. Combatterò al tuo fianco *da uomo libero*», osò dire. Guardò Mario il Giovane, che gli lanciò un'occhiataccia.

Ma Mario non mostrò di aver fatto caso alla sua precisazione. «Non… non trovi assurdo che abbiano dato a lui il comando della guerra contro Mitridate? Cosa ha fatto, in fin dei conti? In

Africa era ai miei ordini… ai Campi Raudii era ai miei ordini… Avrebbero dovuto darlo a me», insisté, prima di essere interrotto da un nuovo, più violento, attacco di tosse.

"Pazzesco", pensò Crisso. Quell'uomo aveva avuto tutto dalla vita, era stato il più celebrato e onorato dei comandanti romani… Eppure crepava divorato dalla frustrazione per non aver compiuto le imprese che desiderava. "L'ambizione gioca brutti scherzi, a volte, e fa perdere di vista il senso della realtà", si disse lo schiavo cercando di riflettere sul modo migliore per ricordargli ancora una volta la sua promessa di liberarlo.

Stava per aprire bocca, quando si rese conto che il vecchio non tossiva più. La sua bocca era spalancata ma immobile, e non gli parve che respirasse. Anche il resto del corpo non si muoveva, e Crisso fu preso dall'agitazione. Intanto, Mario il Giovane non aveva fatto una piega e aveva detto allo schiavo in attesa fuori dalla porta di chiamare il medico in giardino. Scosse la testa e allargò le braccia, guardando Crisso e l'altro ospite, un uomo grassoccio di mezza età, vestito in modo sfarzoso ma non elegante.

Crisso si sentì assalire dalla disperazione: Mario era morto prima di ottemperare alla sua promessa? Il medico arrivò sollecito e, dopo un rapido esame, confermò il decesso. Il figlio annuì con aria grave e ricevette le condoglianze dell'ospite, e a quel punto Crisso non seppe più trattenersi.

«Tuo padre mi aveva promesso la libertà. L'aveva promessa a tutti i bardiei. Mi auguro che vorrai rispettare la sua promessa», disse al nuovo Gaio Mario.

Questi lo guardò trasecolato. «Osi disturbarmi in questo momento di dolore, schiavo? Dovrei farti frustrare, per questo!», gli rispose stizzito.

A Crisso non pareva che fosse tanto addolorato. Forse si era abituato da tempo all'idea della morte del vecchio, forse non ne poteva più neppure lui di quell'uomo pazzo e dispotico. Tuttavia doveva sapere. «Perdonami, *dominus*. Ti chiedo umilmente di farmi sapere qualcosa, quando sarai in grado di affrontare la questione», ribadì, stavolta a capo chino e con atteggiamento deferente.

«Non c'è alcuna questione da affrontare. Ti ho già venduto al qui presente Lentulo Batiato, il più importante lanista di Capua».

Crisso guardò entrambi, disorientato. «Ve... venduto?»

«Certo, amico mio!», esclamò Batiato, rivolgendosi finalmente anche a lui. «Con un fisico come il tuo, e con la tua esperienza come guardia del corpo del più grande generale di ogni epoca, sarai un gladiatore coi fiocchi. La gente di Capua farà la fila per vederti. Vedrai, il tuo è un destino da privilegiato. Sei doppiamente fortunato a essere scampato all'eccidio dei bardiei e a essere diventato un mio gladiatore!».

«Ma...», Crisso si rivolse di nuovo a Mario il Giovane, «tuo padre aveva promesso...».

«Mio padre è morto. E io non ho promesso un bel niente».

«Ma... potrei esserti utile in battaglia come ho

fatto per tuo padre…». Crisso giocò la carta della disperazione: meglio soldato che gladiatore.

«No. Voglio soldati veri, io, non schiavi. E ho bisogno di soldi, con tutti i legionari che dovrò reclutare per affrontare Silla. E Batiato ha pagato fior di sesterzi per te».

«E spero che tu li valga tutti, caro Crisso!», esclamò Batiato, che poi batté le mani un paio di volte. Entrarono due schiavi robusti che afferrarono Crisso per le braccia e lo portarono fuori. Batiato si accomiatò da Mario il Giovane e li seguì all'esterno, dove i due energumeni fecero salire Crisso su un carro su cui si trovavano altri tre schiavi robusti, uno dei quali incatenato per un collare. Crisso si sedette accanto a quest'ultimo, ma non lo guardò neppure, mettendosi la testa tra le mani senza riuscire a trattenere le lacrime.

«Non piangere, amico», gli sussurrò l'uomo col collare dopo che il carro fu partito. «Le lacrime dovremo farle versare a questi porci romani, prima o poi. Sii forte. Non è mai finita. Come ti chiami?»

«Mi chiamo… mi chiamo Crisso», rispose, colpito dalla determinazione di quell'uomo.

«Io mi chiamo Spartaco. E non considero questa una fine, ma un nuovo inizio. Fallo anche tu».

Crisso lo guardò per la prima volta. Aveva il piglio del capo, come Gaio Mario. Ad ogni modo, lo sconosciuto aveva ragione, si disse: era vivo a dispetto di Cinna e gli avrebbero dato delle armi, in un prossimo futuro.

No. Non era finita.

INDICE

Paperbacks
Sezione Live
Pubblicazione settimanale, 7 marzo 2013
Direttore responsabile: Raffaello Avanzini
Registrazione del Tribunale di Roma n. 16024 del 27 agosto 1975
Fotocomposizione: Librofficina, Roma
Stampato per conto della Newton Compton editori s.r.l., Roma
Presso Puntoweb s.r.l., Ariccia (Roma)

Live 0,99

1. Sigmund Freud, *Il sogno e la sua interpretazione*
2. F. Scott Fitzgerald, *Il grande Gatsby*
3. Seneca, *L'arte di essere felici*
4. Fëdor Dostoevskij, *Le notti bianche*
5. Irène Némirovsky, *Il ballo*
6. Sun Tzu, *L'arte della guerra*
7. Andrea Frediani, *Il tiranno di Roma*
8. Edgar Allan Poe, *Racconti del terrore*
9. William Shakespeare, *Amleto*
10. Marcello Simoni, *I sotterranei della cattedrale*
11. Lisa Jane Smith, *Il diario del vampiro. Il risveglio*
12. Jane Austen, *Lady Susan*